普天之下・盡是好書

普天出版家族 Popular Press Family

凌雲 A-Plus Creative Company 文創

改變心境，就能改變你的處境

黛恩

心境
決定你的處境

Situation depend on your state of mind

全集

迪斯雷利曾經說過：「**人類難以控制環境，卻能掌控自己的心境。**」
的確，人的處境，不論是順境、逆境或困境，往往由心境做決定。我們身處什麼樣的環境，
或許不是我們可以決定和掌握的，但是，只要懂得適時調整自己的心境，絕對可以藉由改變心境，
來改變眼前困頓的環境。

出版序

改變心境，就能改變處境

不快樂的成因都不是來自他人，而是來自於自己，一旦自己給自己打了不及格的分數，這種成見已經毒占了我們的心。

英國作家斐德列·藍布利治曾說：「兩個人從同一個鐵窗往外望，一個人看到滿地泥濘，另一個人卻看到滿天星辰。」

這句話告訴我們，在人生的過程當中，重要的不是你目前的處境如何，而是應該如何改變自己的心境，進而改變目前的處境。

只要自己願意改變心境，那麼原本從「鐵窗」望出去的「滿地泥濘」，就會變成「滿天星辰」。

要知道，世界上最可怕的敵人不是別人，正是你自己！

只要一個小小的負面的思想，就很可能把每一個足以令自己感到快樂的機會，全部抹煞。

有些人自我防衛意識過強，總喜歡與人保持距離，認爲別人對自己充滿敵意，於是始終保持防衛的態度，別人當然也就敬而遠之了。

有些人則想得太多，老是懷疑東、懷疑西，對任何事都很多心，往往把原本簡單的事情複雜化了。

有些人過於固執己見或愛斤斤計較，甚至過度追求完美，害怕負責任，於是種種的負面思想便將之團團圍繞，再也掙脫不開，不快樂的情緒籠罩之下，自然生活也就愁雲慘霧了起來。

如此的生活必然處處充滿恐懼和擔心，又怎麼快樂得起來呢？

由於太過在意外界的反映，所以反而讓自己變得偏執，一旦自己給自己打了不及格的分數，即使旁人並無此意，這種成見也已經毒占了我們的心。

其實，這些不快樂的成因都不是來自他人，而是來自於自己。

此時不妨想想馬克．吐溫曾經說過的：「改變念頭，動手去做你最害怕的事，恐懼就會消失。」

想改變自己目前鬱鬱寡歡的處境其實很簡單。只要我們能改變自己原先想逃避的心境，放下懸疑不定的心情，勇敢地面對一切人事，就不難發現，自己目前的處境，並沒有想像中那麼糟糕。

改變心境，就能改變處境；改變心境，就能走出困境！

不管工作、生活或人際交往，都會有不順遂的時候，讓人產生煩躁、鬱悶、憤恨、失落……等等負面情緒，但是有時候，只要換個角度思考，換個心境面對，這些糾葛就能迎刃而解。

問題不在於我們置身的環境，而在於我們用什麼心境因應，只要能隨時調整自己的心境，用對的方式面對，自然而然就能改變處境。

出版序 改變心境，就能改變處境

PART—1

多一分寬容，行事才會從容退

如果只是因為生氣而批評，開口前最好先想一想，逞了一時口舌之快，可能忍耐多年總算能一吐怨氣，但是最終又得到了什麼呢？

做好準備，就不怕沒有出頭的機會／22
多一分寬容，行事才會從容／26
防患未然，勝過力挽狂瀾／30
不願行動的人，找不到成功的大門／33
掌握敵人心理，便能借力使力／36
面對批評，要保持冷靜／39
運用別人的長處彌補自己的不足／42
充滿信心就會開創機運／46

PART—2 不要讓恨意支配自己

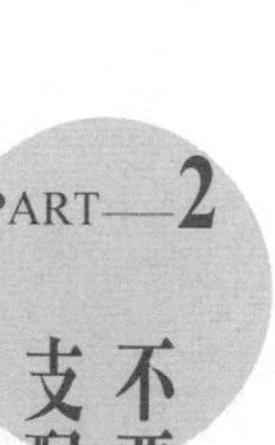

恨意彼此加乘下去，不只傷人，終究也會自傷。讓恨意進駐內心，畢竟最後折磨的還是自己，不是嗎？

缺乏自制力，就會成為慾望的奴隸／50

不要讓恨意支配自己／53

把謊言當工具，小心傷人傷己／56

懂得靈活變通就能出奇制勝／59

想要致富，先創造商品的價值／62

不斷努力，才能獲得勝利／65

安排適當的人在適當的職位／67

讓手足成為人生的支柱／70

PART—3

及時修正方向，就不會暈頭轉向

一發現了錯誤就要及時修正方向，否則錯誤所造成的差異就越來越遠，到最後變成無法收拾的遺憾，就太可惜了。

戀棧，只會讓你看不清危險／74
不能適應，就設法改變環境／75
摒棄成見，才能利用別人的優點／79
堅守自我的理想與目標／82
及時修正方向，就不會暈頭轉向／85
時時保持思緒的流動／88
不要讓慾望主宰你的人生方向／91
自尋煩惱，日子當然過得苦惱／94

PART—4

彼此尊重就是最好的互動

地位越崇高的人，他的意見更容易受到更多人的檢驗；反對的人越多，就越能看出一個人的氣度是否寬宏。

換個環境，不必葬送自己的人生／98
彼此尊重就是最好的互動／101
用幽默的態度開拓人生的寬度／104
懂得惜福，才是最大的幸福／107
擁有真材實料就不怕摔跤／109
要受人歡迎，就得將心比心／112
想投資人才，先把目標說出來／115
如何才能把人才變成天才／118

PART—5

別讓怒氣控制自己的情緒

有誰會喜歡一個天天癟嘴、眉頭緊皺的人呢？器量不大的人也能成為可愛的人，只要你找出了自己專屬的「洩氣」管道。

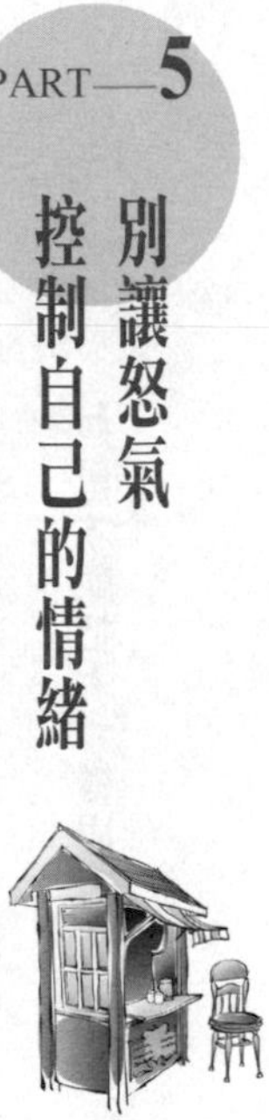

有精明眼光，才能完美包裝／122
既然要裝，就得裝到底／124
見樹也要見林，才能透徹研究／127
別讓怒氣控制自己的情緒／130
堅持是通往成功的道路／133
找出自己的另一種價值／136
要當猛虎，不要當驢子／139
嫉妒是破壞關係的殺手／143

PART—6 機運必須自己去耕耘

成就不在於幸運，而是提升自己到足以抓握機運的高度。如果自己不給自己機會去努力，那麼永遠不可能會有成功的機會。

機運必須自己去耕耘／148
散發自信的光彩就會人人喜愛／151
保持理智，就不會冒冒失失／154
讓步，也是一種藝術／157
能力與才氣要用在對的地方／159
小心翼翼，才能降低失敗的機率／162
唯有鍥而不捨才能有所獲得／164
先要求自己，再要求別人／167

PART—7

改變想法，就能改變你的看法

唯有願意放開一切既定的成見與包袱，真正去了解別人的長處與優點，才能得到誠摯的情誼，也才能跳脫原本的罣礙。

改變想法，就能改變你的看法／172
第一印象就是征服的力量／175
以平常心看待福禍／178
等待機會，不如尋找機會／181
與其消滅敵人，不如增加盟友／184
試著去當別人的貴人／187
有足夠的耐心才能美夢成真／189
得饒人處且饒人是一種寬容修養／191

PART—8 叮嚀自己保持好心情

多數人之所以一直感到沮喪，就在不肯打開心房，讓愉快、希望、樂觀的陽光灑入，終日緊閉著心扉，以致於活在灰澀陰暗之中。

心境決定你是否擁有彩色人生／196
叮嚀自己保持好心情／200
以寬厚的心情對待自己／203
不要讓心情影響你的決定／206
把自己變成一塊吸引朋友的磁鐵／209
誠意會讓你散發魔力／212
遇到困難不能向後轉／215
懷疑會影響你的判斷力／218

PART—9

你的腦筋爲什麼會打結？

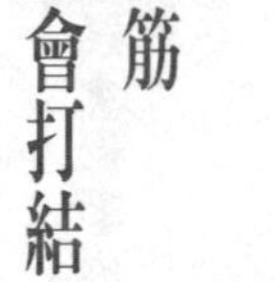

只知道工作而不懂得休息，會讓你的腦筋打結，變得越來越笨。身體健康與精神健康是息息相關的，一旦你的身體健康出了問題，你的腦筋也會跟著渾沌不明。

生活單調會摧殘生命的活力／222

你的腦筋為什麼會打結？／225

讓美麗的事物淨化你的生命／228

你也可以更新自己的生命／231

不要為了小錢賠上健康／234

讓生命綻放出耀眼的光芒／237

靠自己的心靈力量拯救自己／239

不要把精力浪費在小事上／241

PART—10

拯救你的腦細胞

科學家進行的實驗顯示，一切不良的思想都可以損害細胞的生命，有時發脾氣之後，竟需花數星期的時間，才能使受損害的神經系統恢復。

從絕望中喚起新生命／246

從孤獨中培養勇氣／249

你也可以治療自己的精神疾病／252

拯救你的腦細胞／254

不要用精神刑具戕害自己／257

幫助自己走出人生的低谷／260

生命的意義在於心靈的活動／263

不要替自己的過錯找藉口／266

PART—11

當一隻認眞的兔子

有許多擁有才能的人，甚至是不世出的天才，由於生性懶惰，或者過分相信自己的天分，結果都遭失敗，或者不能達到原本可以達到的成功。

你是一顆不停滾動的石頭嗎？／270
用愛心豐富自己的生活／272
運用腦力為自己創造奇蹟／275
當一隻認真的兔子／278
為自己的心靈點亮一盞燈／281
設定目標，你就不會再苦惱／284
讓理想的燈塔永遠點燃／287
成功的人不一定比你聰明／290

PART—12

鞭策自己 努力實踐夢想

倘若你不經常仔細傾聽來自心靈深處的呼聲，倘若你不時時鞭策自己努力去實踐夢想，那麼，夢想萎縮的速度便會加快，終至死亡。

鞭策自己努力實踐夢想／294
幸運只屬於積極努力的人／297
不要磨損自己的求勝決心／300
你為什麼甘於過著平庸的日子？／303
只要努力，說話就會流利／306
討論問題會讓腦袋更清晰／309
讓自己的話語充滿魔力／312
如何把話說得更有深度／315

PART—13

把握住機會才不會後悔

不管好壞，時機一去便不再來。只有把握住稍縱即逝的機會，並加以充分利用的人，才可以做到真正的無所悔恨。

表現出最完美的自我／320
謙虛會讓你受益無窮／322
依自己的計劃行事／324
把握住機會才不會後悔／326
你所下的功夫絕對不會白費／329
你還沒到達巔峰狀態／332
用溫和的態度把憤怒說出來／334
小心來路不明的禮物／337

PART—14

偏見是無形的殺手

塞內卡：「偏見就像貓一樣，牠就在我們的理性中蜷曲而眠，假使有人不小心侵擾牠，牠就會用爪子把人抓傷。」

追求快速只會降低快樂的程度／340
搭起友誼的橋樑／343
懂得如何自制／345
珍惜過去的美好記憶／348
偏見是無形的殺手／351
善用失敗便能成功／354
你為什麼會沈淪在負債的苦海？／357
做好手邊的工作／359

PART—15 不要急著妄下論斷

我們會在說別人閒言閒語的時候，輕蔑地否定他人，或只憑著蜚短流長，就侃侃然地下判斷，根本不理會是否有證據。

環境是成功的試金石／362

讓自己青春永駐的最好方法／365

每天都會給自己另一個新機會／368

妥善發揮語言的力量／371

珍惜今日才是正確態度／374

不要急著妄下論斷／376

幸福從「許願」開始／379

不滿足是進步的要素／381

PART 1

多一分寬容，行事才會從容

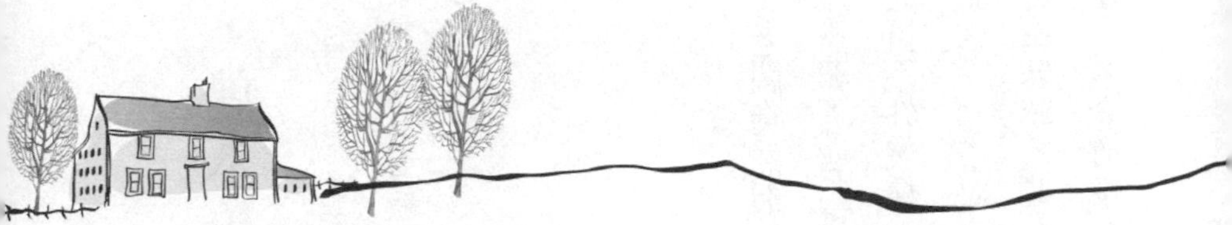

如果只是因為生氣而批評，
開口前最好先想一想，
逞了一時口舌之快，
可能忍耐多年總算能一吐怨氣，
但是最終又得到了什麼呢？

做好準備，就不怕沒有出頭的機會

有些人老是抱怨自己時運不好，別人都看不到自己的優點，其實，如果每一次對考驗都避得遠遠的，別人又如何看到我們的優點？

如果，有一天老闆突然額外交付你一些工作，那並不是你份內的工作，也可能和你目前的工作無關，甚至可能超出你目前的能力範圍之外，你會如何反應呢？

回應的態度大概不外幾種。

一、敢怒不敢言，儘管毫無頭緒，表面上硬著頭皮接下工作，但暗地裡將老闆罵個狗血淋頭，甚至到處宣揚老闆的「惡質」行為。

二、立刻爆發，不會的事就不做，說什麼也沒用，大不了不幹了。

三、雖然不會做，但是很樂於學習，感謝老闆給你機會。

四、快速分析現況，然後向老闆提出最好的方法，以及建議處理這件事情的最佳人選。

第一種人是小人，陽奉陰違的行徑或許一時之間沒留下什麼把柄，但最後交出來的差事也可能零零落落。事情失敗了，這類人責怪的對象當然不會是自己，因爲這一切都是別人造成的錯。

第二種人是莽夫，逞一時的意氣或許讓自己覺得痛快，但是就這麼輕易破壞之前經營的成果，值得嗎？

第三種人是樂天派，吃苦當吃補，將生活的困境當成磨練，是強化自我籌碼的手段，辛苦雖然辛苦，但自己獲得的肯定也不少。

第四種人是成功的人，平時就做足了妥善的準備，發生問題是檢驗危機處理能力的最佳時機，雖然自己的能力有限，但是知道廣營人脈、適時求助就是最好的解決方案。

這樣的人隨時準備好答案，甚至自己提出問題找出答案，試問，還有什麼難得倒他？又有什麼事不能成功呢？

在講求團隊戰力的時代，想要建立自己的事業，單打獨鬥幾乎是不可能的，所以尋覓良將、好幫手是每個老闆心裡最重要的一個任務。然而，好的將才要怎麼找呢？

其實，老闆們發掘人才的方法很簡單，那就是丟出一個問題，只要能用最快、最好的方式處理的人，就是最適當的人選。

只要你了解這點，事先做好準備，就不怕沒有出頭的機會。有些人老是抱怨自己時運不好，別人都看不到自己的優點，其實，如果每一次對別人給的考驗都避得遠遠的，別人又如何看到你的優點？

站在對方的立場上設想，發現對方重視的題目，沙盤推演想出辦法，備而不用，儘管很可能這個方案永遠無用武之地，但是總好過眞的發生問題的時候，連佛腳都不知道該到哪裡去抱來得好吧！

我國作家契訶夫曾經寫道：「困難和折磨對於人來說，是一把打向壞料的錘，打掉的應該是脆弱的鐵屑，鍛成的將是鋒利的鋼刀。」

確實如此，困難能孕育旺盛的精神力量，克服困難就是獲得勝利的重要契機。如果我們能換個心境面對眼前的處境，就不難明瞭，只要自己做好充足的準備，就不怕沒有出頭的機會。

沒有人一生平順得什麼問題都沒有，也沒有人一生完美十項全能，遭遇問題不是壞事，只要懂得如何解決問題就行了。

心境決定你的處境

不經歷感情的青春，戰鬥的成年和思考的晚年，生活就不會是十全十美。

——英國作家布倫特

多一分寬容，行事才會從容

如果只是因為生氣而批評，開口前最好先想一想，逞一時口舌之快，可能忍耐多年總算能一吐怨氣，但是最終又得到了什麼呢？

世間萬物爲了生存，都有保護自己的本能。保護的方法不外有二，一是傷人，一是自傷；壁虎遇到危險，不惜斷尾逃生，而渺小如蜂蟻等昆蟲，在遭受攻擊的時候，就算犧牲生命，也要狠狠嚙敵人一口，螫敵人一記。

人與人之間也是如此，彼此沒有利害衝突的時候，大家當然可以禮儀相待，什麼事都客客氣氣，反正並沒有傷害到自身的權益。

但隨著接觸的機會多了，碰撞的結果總是會有一方受到影響，如果力道太大，可能彼此都會受傷。

當我們受到攻擊的時候，第一個念頭肯定是反擊，而且專挑對方的弱點下手。對於我們了解不深的敵人，其實是很難看清他們的弱點的，假設眞的能造成傷害，恐怕也是意外使然，誤打誤撞的結果；但是，對於我們最親密的人、關係最親近的人來說，因爲我們對對方瞭若指掌，所以無形中也就握有了攻擊對方最致命的武器。

因爲太過親近，所以彼此所造成的傷害也就越深。

如果這就是人性，那我們大可不必矯情地說「不論別人怎麼對待，都能甘之如飴，一笑泯恩仇」，會心生報復總是人之常情。然而，事情一旦發生就無法挽回，如果我們始終耿耿於懷、念念不忘，其實到頭來眞正受到傷害的還是自己。

待人處事之時多一點寬容，其實就是給自己多留一點迴旋餘地。

如果我們心中記掛著怨恨，想法難免有所偏頗，如果我們在言談之中加入了情緒，就算是一種言語的傷害了。

英國作家約翰遜說：「發牢騷的人所能獲得的並非同情，只是輕蔑。」

這句話值得我們銘記在心。

沒有人會去替你想像到底你的對手有多麼可惡，旁人只看到你爲了傷害別人而不惜做出有損品性的作爲。如果只是因爲生氣而批評，開口前最好先想一想，這麼做對自己是不是眞的有好處，要知道在衆多被人厭惡的不良品性之中，道人是非長短始終榜上有名。

沒錯，逞一時口舌之快，可能忍耐多年總算能一吐怨氣，但是最終又得到了什麼呢？

英國作家奧斯丁有一句話說得最好，他說：「在你的心園裡種植忍耐吧！雖然它的根是苦的，但果實是甜的。」

其實，人世間的種種糾葛所衍生的煩惱，很多時候都是因爲我們欠缺寬容的心胸，才會讓自己捲入負面情緒形成的漩渦。

一個人擁有什麼樣的人生遠景，能否開創出璀璨的未來，關鍵完全在於用什麼心境面對自己置身的環境。碰到不順遂的事情，要試著轉換心境，千萬不要讓

環境影響心境。

回想一下壁虎和蜜蜂的做法，壁虎自傷但保全了性命；蜜蜂傷人但失去了自己，該怎麼做相信你的心裡已自有看法。

心境決定你的處境

在漫長的人生旅途中有時要苦苦支撐暗無天日的境遇，如此，日後才能風光絕頂，無人能比。

——日本企業家松下幸之助

防患未然，勝過力挽狂瀾

凡事應該防患於未然，在事情還沒發生或是才剛剛萌芽的階段就加以預防，就不必等到災禍發生時再花費更多的人力物力來挽回頹勢。

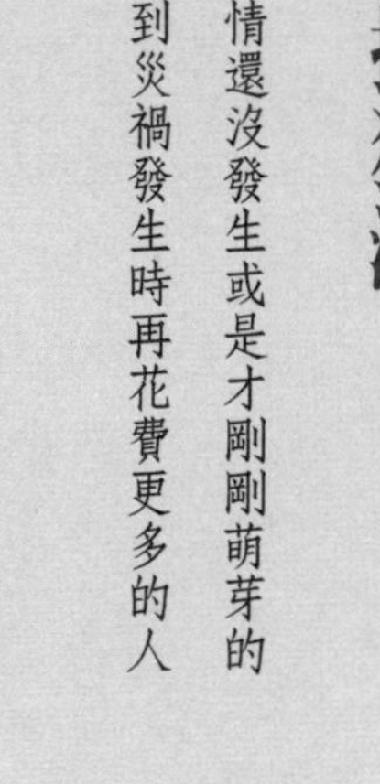

不知道你有沒有發現，我們很容易喜歡爲我們帶來好消息的人，卻很討厭老是帶來壞消息的傢伙；前者我們稱之爲「報佳音的喜鵲」，而後者則被叫做「唱衰的烏鴉」。

人有一種通性，叫做「遷怒」，而且我們特別容易把怒氣發洩在帶來壞消息的「信差」身上。

有人做過一份研究指出，有些氣象主播因爲豪雨狂風連綿壞天氣的新聞不斷，

竟成爲觀衆怨恨遷怒的對象，有位主播還因此被一位老太太攔住車子，對他大聲咆哮，要他「負責任」。

古代甚至有回京報告戰事失利的信差因此被砍頭的記錄，比起那些千里奏捷的信差，待遇眞是天差地別。

我們不喜歡別人澆冷水，儘管是「良心的建議」，往往也因爲過於刺耳而很難聽得進去，所謂「忠言逆耳」就是這個道理。不過，我們如果因爲討厭這些聲音而不去傾聽，甚至完全置之不理，等到事情眞的發生，恐怕就連焦急也沒有用，非得花費更多心神與氣力不可。

有一種正面的說法是這樣的：批評和建議，就像是人體的血液循環，一旦血液循環不良，人體就會出現重大疾病。

能夠心平氣和地傾聽建言，才能防患於未然。

關於防患未然，中國歷代就有過不少名言名句提醒我們。像明代文人呂新吾在《呻吟語》裡說：「處天下事，前面就長出一分，此謂之豫。後面常餘出一分，此之謂之裕。如此則事無不濟，而心有餘樂。」

而另一名文人朱晦翁則說：「凡事須小心寅畏，仔細體察，思量到人所思量不到處，防備人所防備不到處，方得無事。」

本來凡事就應該防患於未然，防微杜漸，在事情還沒發生或是才剛剛萌芽的階段就加以預防，就不必等到災禍發生時再花費更多的人力物力來挽回頹勢。

心境決定你的處境

歡樂不時被痛苦打斷，這似乎是自然界生命的正常過程。焦慮和煩惱偶爾被愉快干擾一下，是人類生存的正常過程。

——美國作家克魯齊

不願行動的人，找不到成功的大門

世上沒有做不到的事，只是願不願意去做而已。想讓事情成功，方法手段千百種，但如果一種都不去做，想成功，門都沒有。

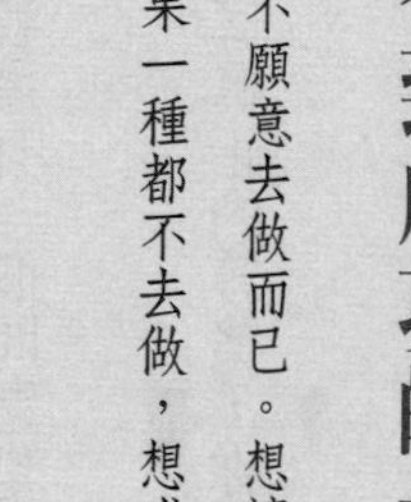

你想成功嗎？你懂得把握機會嗎？

如果這兩個問題的答案都是「是」的話，那麼，你還需要再思考一個問題，那就是：「你認爲機會是會從天而降，還是要靠自己創造？」

從諸多成功者的心路歷程，我們可以體會出，「機會」或許很難讓人具體描述，但是，憑空等待的人永遠不可能得到。

就好像抽獎活動，如果沒有寄出參加的摸彩券，不管抽獎的過程安排得如何

公正，甚至人人有獎，中獎名單上還是絕對不會出現你的大名。

關於把握機會，宗教改革家馬丁路德說過這麼一句話：「等到美好的機會才做事的人，永遠不能做事。」

所以，除非你壓根不想得到獎品，否則這抽獎券，你終究還是得寄的。

蘇格拉底有句名言：「最有希望的成功者，倒不是有多大才幹的人，卻是最能善用每一時機去發掘開拓的人。」

這句話暗示我們，世上沒有做不到的事，只是願不願意去做而已。

其實，如果有心想讓事情成功，方法手段就會千百種，但如果一種都不去做，想成功，門都沒有。

所以，如果你想獲得成功，或者還有一個問題是你需要先回答的，那就是：「你眞正想要的成功，到底是什麼？」

回答了這個問題，也確認了心底眞正的答案，你才能眞正心無旁騖去奪得那個成功的機會。

不知道自己想要什麼，不會有成功的機會；至於不願意行動的人，則永遠找

不到成功的大門。

狄摩西尼曾說：「沒有做法的想法，永遠只是紙上談兵的空想。」

因爲，再如何了不起的想法，充其量也只不過是一粒粒沒有靈魂的種籽，想讓它們開花結果，還是必須倚靠確實可行的「做法」。

想要成功，就不能做「言語上的巨人，行動上的侏儒」，必須採取行動，以實際的做法實踐腦中的想法。

心境決定你的處境

無論處在哪個境遇，人生似乎都是一樣的，要忍受的事務很多，可以享受的時間卻很少。

——約翰遜

掌握敵人心理，便能借力使力

每一次經歷，都是一種學習，我們可以從別人的成功與失敗之中，歸納演繹我們腦袋裡的人生藍圖，規避錯誤，尋找捷徑。

古人說：「前事不忘，後事之師。」意思就是說，把前人和自己的經驗記在心裡，下一次就別再犯同樣的錯誤了。

心理學上強調的經驗法則，目的也在於此，參考別人的經驗，就像是站在巨人的肩膀上，總是比站在地面上看得更高，看得更遠。

當你心想成功的時候，必須有耐心、要小心，搜尋過往和他人的經驗地圖，然後滿載著希望前行。

沿途或許會有暗礁、漩渦，但只要你的準備充分，能靈活應變，必定能夠化險爲夷，順利抵達目標的港灣。

美國發明家愛迪生說：「如果你希望成功，當以恆心為良友，以經驗為參謀，以小心為弟兄，以希望為哨兵。」

卡內基曾在自己的書中引用《智慧的錦囊》裡的一句話：「成功者與失敗者之間的區別，常在於成功者能由錯誤中獲益，並以不同的方式再嘗試。」

這句話的意思很清楚，那就是，想要成功，就要懂得在每一個錯誤裡面學到造成錯誤的關鍵，然後予以克服。

可是，人生不過短短數十年，大部份人走過的地方，親身體驗過的事物，其實相當有限，就算是生活再精彩的人也不可能遍歷世界上的所有事物。所幸，現今資訊流通實在太發達，透過媒體、網路，我們輕易地就能得知世界上的某個角落裡正發生著什麼樣的事情；藉由這些資訊的獲得，我們就好像自己也身歷其中一般。

每一次經歷，都是一種學習，我們將知道許多以前自己不知道的事情，我們更可以從別人的成功與失敗之中，歸納演繹我們腦袋裡的人生藍圖，規避錯誤，尋找成功的捷徑。

心境決定你的處境

人生是一頭馬輕快而健壯的馬，人要像騎師那樣，大膽兒細心地駕馭牠。

——德國作家赫塞

面對批評，要保持冷靜

看淡那些批評的聲音，如果在意那些尖酸刻薄的言論，不就是等於告訴別人可以用這樣的話來傷害自己嗎？這樣實在太不智了。

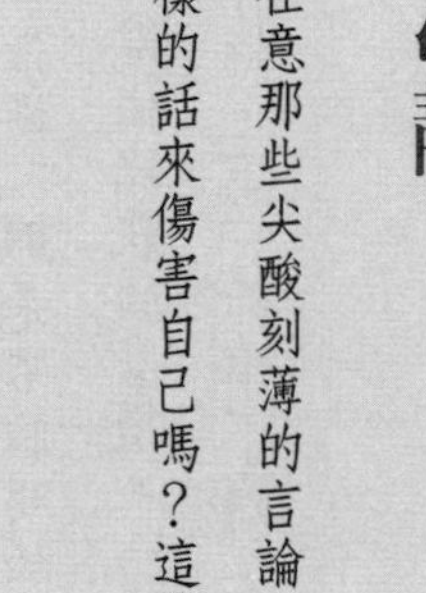

這個世界上很多動物都有嘴巴，可是就只有人類會說話，也只有人類會互相批評；大概也是這個因素吧，只有人類的社會，紛爭擾攘永遠不止歇。

有人說：「一句話，可以改變世界。」既然語言的威力如此強大，我們開口之前怎麼能不小心謹慎呢？

所謂「樹大招風」，嶄露鋒芒的人、站在高處的人，或許是因爲他們的存在太不容易被忽視了，所以遭受到的批評與誹謗也特別多。

有時候，批評和誹謗迎頭撲打過來，既難堪又無奈，越是辯解越是解釋不清，讓人氣得暴跳如雷卻無計可施，就好像伏爾泰寫過的一句話：「死者不在乎誹謗中傷，活人卻會因它而怒極身亡。」

可是，生氣歸生氣，難過歸難過，假使解釋、爭吵都沒有用，那到底該怎麼辦呢？

在這個社會上生存，遭人批評是在所難免的，如果你明白這個道理，自然就能看淡那些批評的聲音，如果在意那些尖酸刻薄的言論，不就是等於告訴別人可以用這樣的話來傷害自己嗎？這樣實在太不智了。

幽默大師馬克．吐溫享有世界知名的名氣，自然也不免會遭受別人的批評，但他卻以爲：「遭到了誹謗還大事張揚，那是不聰明的，除非張揚起來能得到什麼很大的好處，否則誹謗很少能經得住沉默的磨損。」

當我們聽到別人對我們的批評時，第一件事不應是生氣，而是該先在心裡盤算一下對方所說是不是事實。

如果是惡意誹謗，那麼大可不必理會，反正清者自清，久而久之謊言自然會露出破綻。但如果對方所說是眞有其事的中肯批評，那麼就算不向對方表示感激，也應該在第一時間將錯誤改進，不是嗎？

希臘哲學家畢達哥拉斯說：「憤怒以愚蠢開始，以後悔告終。」冷靜和忍耐，是一種高級的自我控制，只要能做到這兩點，我們就不容易因爲受激衝動而後悔。

心境決定你的處境

青春可以說是人生的花朵，無價的珠寶。青春也是最容易流逝的，因此，不要讓自己留下悔怨。

——英國詩人艾略特

運用別人的長處彌補自己的不足

善用眾人的力量，運用別人的長處來彌補自己的不足，從多個面向思考，將問題防範得滴水不漏，事情成功的機會自然大多了。

世界知名的文學作家海明威說過一句名言：「人不能孤獨地活著。」而古希臘哲人德謨克利特也曾引用過這樣的句子：「只有團結一致，才能把偉大的事業和戰爭引導到好結果，否則就不能。」類似這樣的話語很多，在在說明了團結的重要性。

人和人如果不能團結在一起，就無法成就事業。

一個成功者的背後，必定有許多人共同付出心力，想要成功，我們難免要借

人之力，乘人之勢。

想要得到別人的幫助不難，難的是要開放自己的心胸去接納別人的意見，忠言逆耳、良藥苦口，如果自己先入爲主的觀念太深，又聽不見別人的建議，恐怕就算抱著臨深淵的態度，也難以懸崖勒馬吧！

詩人愛默生曾在著作中這麼說：「你信任人，人才對你忠實。以偉大的風度待人，人才表現出偉大的風度。」

缺乏氣度、剛愎自用的人很難成功，殊不見楚漢爭霸時期，項羽就是個性過於猜疑，不能充分信任自己的手下，爲人處事又過於剛愎，以至於最後衆叛親離，平白將眼看到手的江山送給了劉邦。

有一句話：「單調難成曲，群柱可擎天。」

參與的人多、意見多，代表著每個人的意見、想法都是由不同的角度出發，觀察到的也是不同的面向。

如果能夠以寬闊的胸懷，將多方的意見加以彙整，找出一個最佳的解決方案，事情處理就能更加圓融周延。只要周全思考、冷靜處置，事情就不致於會陷入泥

淖之中，感覺欲振乏力。

記得曾經看過一部卡通電影，劇中主角是一隻螞蟻，當蟻群陷入慘遭水淹的危機時，在主角指揮之下，一隻隻的小螞蟻疊成一座高高的塔，最後成功抵達上方洞口的那隻螞蟻，再一隻隻將仍在洞內的螞蟻拉起，最後所有的螞蟻都得救了。

螞蟻的身軀何其渺小，就算一隻螞蟻可以舉起超過自身體重十數倍的重物，也救不了全部的螞蟻。

可是，一隻螞蟻至少拉得起一隻螞蟻吧？兩隻螞蟻總能再拉起另外兩隻螞蟻吧？一隻拉著一隻，雖然每個個體只貢獻了自己的一點點力量，但最後卻結合成了一股巨大的能量，拯救了整個螞蟻王國。

中國有句相當有趣的諺語這麼說道：「困難是石頭，決心是鋤頭，鋤頭敲石頭，困難就低頭。」

其實，處在困境裡的人，比處在順境裡更能堅持不屈，真正卓越的人，越在不利與艱難的困境裡，越能百折不撓，越在自己遭遇困境之時，越能積極改變心境，幫助自己找到走出困境的出口。

善用衆人的力量，運用別人的長處來彌補自己的不足，彼此站在一起，牽手相靠，從多個面向思考，將問題防範得滴水不漏，事情成功的機會自然大多了。所謂衆志成城，群策群力，說的就是如此的道理。

心境決定你的處境

最要緊的事是：別浪費你的青春和元氣，否則，這種行為就將是你人生中最大的不幸。

——俄國作家契訶夫

充滿信心就會開創機運

貴人和機運其實都綁縛著一條無形的絲線，握在我們手中，這條絲線的名稱叫做信心，如果我們能緊緊抓住，還怕它們不到眼前嗎？

時勢創造英雄，英雄也在創造時勢，想要成功就要懂得把握機會，否則一旦錯過了表現的機會，再怎麼後悔，也難以追回那驚鴻一瞥的契機。

如果不想錯過到手的良機，那麼就要用盡技巧去抓取、去掌握，才不會事後懊悔。然而，在懂得把握時機之前，首先要有充足的準備，建立了十足的自信，遇到問題的時候，才能有當仁不讓的勇氣，充分地展現自我。

單單說：「我願意試試看」還不夠，想要眞正的成功，你必須說：「我相信

我一定做得很好。」

有自信的人做起事來也多了一分朝氣，身處在成功的氛圍之中，事情也會變得好像得心應手多了。

我們做人做事當然不應該好高騖遠，但要是機會就在眼前，又是自己拿手的領域，又何必扭扭捏捏百般推託呢？

瑪莎．辛維區說：「你必須對自己滿懷信心，有解決問題的決心……以及如何採取正確行動的信心。」

成功的人之所以成功，就是因爲具備這樣的自信心，所以當挑戰一來，便毫不猶豫地承接下來。狂傲之人，又何嘗不是因爲對自己滿懷自信，才能狂，才能傲嗎？

有了自信，還要能把握機會積極展現自己，如此別人自然就會知道我們有什麼樣的能力，也知道下次可以提供什麼樣的機會給我們。

貴人和機運其實都綁縛著一條無形的絲線，握在我們手中，這條絲線的名稱叫做信心，如果我們能緊緊抓住，還怕它們不到眼前嗎？

信心來自於平時充足的準備，基本功夫紮得穩，應用起來速度也會快得多。自我準備充分就不怕被臨時出題考試，反而會覺得機會得來不易，充分展現自我、恣意發揮才幹的結果，當然能信心滿滿地達成任務了。

任務能夠順利達成，有了成就感，自然對自己的能力多增添一分信心。這就好像一個善的循環，聚集了無數正面的力量，而這些力量也都有了可以恰當發揮的地方，這個循環就能生生不息地延續下去。

心境決定你的處境

人生最快樂的時光，往往是因為這段時光充滿著希望，而不是因為得到了什麼或逃避了什麼。

——英國作家卡萊爾

PART 2

不要讓恨意支配自己

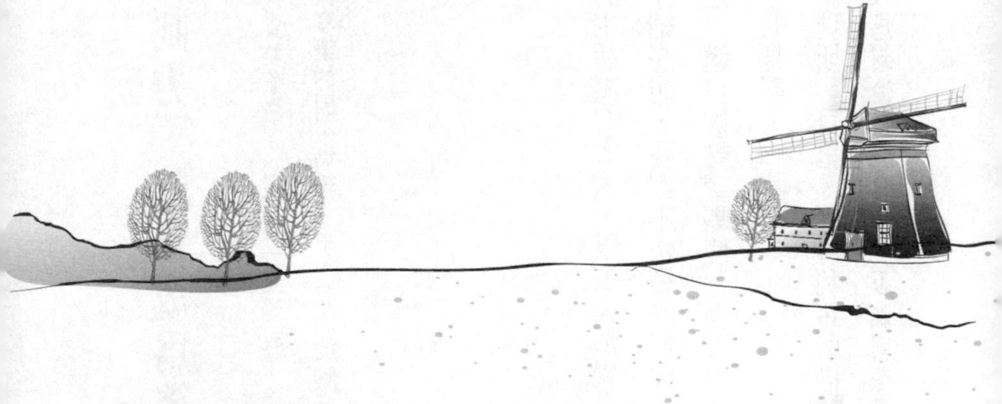

恨意彼此加乘下去，

不只傷人，終究也會自傷。

讓恨意進駐內心，

畢竟最後折磨的還是自己，不是嗎？

缺乏自制力，就會成爲慾望的奴隸

不要被貪婪蒙蔽了心眼，一旦變成了慾望的奴隸，落入了慾望與享樂的因果循環之中，我們的腳步就會停不下來了。

現代人的生活壓力太大，很多人都覺得自己過得不快樂。

然而，仔細想想，我們不快樂的原因，很有可能只是因爲我們的需求太多，慾望太難滿足。鎮日被慾望驅使，汲汲追求的結果，可能什麼都沒得到，只得到了一具累垮了的身體。

請看看湯瑪斯·貝里·阿得利希所描述的一段景象，他說：「有什麼比露天的營火更令人感到愉快呢？你是否聽到蘋果樹正發出愉快的笑聲？那是青鳥的靈

魂，在去年春天百花盛開時，牠們曾在枝頭高唱的證明。」

我們多久沒到大自然那兒去走走了？我們是否忘了，自然萬物可以淨化我們疲憊的身軀與靈魂？

最近有不少人提倡回歸自然，強調簡樸自在，放慢步調，優雅地過生活。

的確，自然界的資源有限，如果我們恣意浪費，任意破壞，使得大自然失去平衡，最後一定自蒙其害，連我們自己也難以生存下去。

放鬆、寡慾，讓自己保持勞動，將生活變得單純，就好像一碗清粥或許稍嫌清淡，但若是能細細品嚐，倒也香甜有味，不是嗎？

建立橫跨歐、亞、非帝國的亞歷山大大帝說過：「購買不需要的東西的人，不久便會買不起他所需要的東西。」

我們當然可以享用我們努力得來的成果，並不需要刻意過著貧苦的生活，但是我們應該把握一個要點，不要被貪婪蒙蔽了心眼，一旦變成了慾望的奴隸，落入了慾望與享樂的因果循環之中，我們的腳步就會停不下來。

古羅馬哲學家朗吉弩斯在《論崇高》一書裡如此說道：「金錢的貪求……和

享樂的貪求，促使我們成為他們的奴隸，也可以說，把我們整個身心投入深淵裡。」同樣是古羅馬哲學家的塞涅卡則說：「本能的需要是可以滿足的，而且很容易辦到。使我們焦躁不安的，恰恰是其餘的那些需要。」

或許我們心裡很清楚明白，哪些是生活必須滿足的需求，哪些又不過是一時虛榮浮華的享樂慾望；順應慾望滿足既然是本能，那麼克制慾望的過度擴張，就是一種超乎常人自制力的完成。

如果我們眞的想超脫煩俗的憂愁，必然知道該怎麼去做選擇；是要選擇簡約有味的生活，或是精彩緊繃的日子，答案全在我們心中，沒有正確答案，只有讓你眞正覺得快樂的答案。

心境決定你的處境

誰能勇敢地接受青春之火的洗禮，誰就能絲毫不懼怕晚年的嚴寒冰霜。

——英國作家藍朵

不要讓恨意支配自己

恨意彼此加乘下去，不只傷人，終究也會自傷。讓恨意進駐內心，畢竟最後折磨的還是自己，不是嗎？

以前，台灣有一部流行的連續劇裡，出現過這樣一段經典對白：「你最好不要惹我生氣，因爲我一生氣，我就想要報仇；我若是想要報仇，下一個要死什麼人，連我自己都不知道。」

很激烈、很直接的說法，卻也說進很多人心裡，以至於讓說這句話的角色一時成爲家喻戶曉的人物。

本來，每個人就都沒有辦法事事順利，不開心、不愉快的情緒累積在心裡就變成了怨氣。如果這一股怨氣沒有辦法消除，或者平白無故遭受到傷害，那麼怨氣就會在壓力之下轉變成恨意。

仇恨必定會有個目標，恨到了極點，生亦何歡，死亦何懼；當沮喪與痛苦積存到一定的程度，彷彿只剩下恨意可以支持人咬著牙活下去。

法國哲學家笛卡兒分析過「恨」這回事，他說：「恨是精神所引起的，促使心靈願意與對它顯得討厭的對象分離的一種心靈情緒。」

仇恨，是一種激烈的情緒，當我們的心被恨意包圍，理智就見不了天日，全身上下都會被恨意支配。

法國文豪巴爾札克在《高老頭》一書中，寫了如此的文句：「一個人向感情的巔峰攀登，可能中途休息；從怨恨的險坡往下走，就難得留步了。」

雖然仇恨是一種悲憤情緒的宣洩方式，但是一旦選擇了這個方式，就很難再回頭了，全身行動遭受恨意驅使，最後難免會落得玉石俱焚的下場。

「憤恨」的情緒就像一把烈火，只會將自己燒灼得體無完膚。

冤冤相報何時了，恨意彼此加乘下去，等到報仇的那一天，背後傷害的力量，

不只傷人，終究也會自傷。

讓恨意進駐內心，最後折磨的終究還是自己，不是嗎？難怪，各種宗教都時時勸勉人要放開心中的怨懟。

這樣的說法其實並不是爲了別人，而是爲了自己，如果自己無法放下，那麼仇恨的包袱只會越來越沉重，前方的路也難免越來越難行了。

心境決定你的處境

人的使命感中，潛藏著如同激流一般的年輕熱血，可以使人度過有意義的人生。

——英國政治家迪斯雷利

把謊言當工具，小心傷人傷己

謊言或許能為我們帶來短暫的利益，但長久來說總是弊多於利的。謊言或許也是一項工具，但是不能不小心戒慎，否則難免傷人傷己。

曾經有個新聞鬧得沸沸揚揚，一位一向以氣質聞名的知名女星，突然被媒體爆料指稱她的高學歷是假造的，惹得各家媒體爭相追逐詢問。一方堅持消息來源屬實，一方怒斥媒體說謊，還得出示畢業證書，以證清白，一時間，每個人的興趣都被挑起來了，等著看看到底是誰在說謊。

有句話是這麼說的：「說一個謊言，就得再說上一百個謊來遮掩。」可見得說了謊，就得再花上百倍精神來圓謊，是相當累人的。而且，相信大

家都心知肚明，無論是什麼樣的秘密，無論怎麼樣百般遮掩，只要有人想知道，什麼秘密都藏不了，什麼樣的謊言也都掩飾不了。

傻子是騙不了人的，只有聰明的人才會說謊。不少聰明人自以爲比別人懂得算計，善用口舌想把別人要得團團轉，可是聰明總被聰明誤，當謊言被人戳破的時候，就算是再聰明的人又該如何自處呢？

撒謊的人往往以爲自己計劃得相當周密，可以神不知鬼不覺，殊不知天底下沒有永遠的秘密，也沒有不被戳破的謊言。

「路加福音」裡寫著一句警語：「所有的秘密終究將公諸於世，沒有任何事能夠永遠隱藏，不被人知道。」

詩人紀伯倫形容得相當貼切：「欺騙有時成功，但它往往自殺。」

當你說了第一個謊言，就等於正往自殺的路上走去，如果不迷途知返，及時回頭，最後終將被自己的謊言所傷。

沒有人是全能的，也沒有人是永遠無知的，謊言或許能爲我們帶來短暫的利益，但長久來說總是弊多於利的。

林肯就曾經在演說中提過這麼一句話：「你能在所有的時候欺騙某些人，也能在某些時候欺騙所有人，但你不能在所有的時候欺騙所有的人。」

現實生活中，謊言或許也是一項工具，但是使用起來就不能不小心戒慎，否則難免傷人傷己。

心境決定你的處境

人的一生，或多或少總是難免會有浮沉，不會永遠旭日東昇，也不會永遠窮困潦倒，反覆的浮沉正是磨練。

——日本企業家松下幸之助

懂得靈活變通就能出奇制勝

想要在人生戰場上攻無不克、橫掃千軍，或許方法有很多種，但原則終究只有一個，就是不輕估敵人，充足準備且懂得靈活權變。

美國思想家桑塔亞那曾說：「競爭的本能是一種野性的激勵，一個人的優點會透過競爭，從另一個人的缺點顯示出來。」

比較與競爭看似是破壞社會和諧的主因，但實際上，它們是促進社會不斷向前飛躍的重要助力，全看我們用什麼心境面對。

這是一個相互競爭的世界，人與人之間無事不競爭，唸書要競爭、做生意要競爭、選舉要競爭……想要成爲競爭中的贏家，就要有靈活的頭腦，懂得隨機應變，由人設想不到之處出手，才能出奇制勝，奪得先機。

面對每一個競爭對手，在正式對戰之前都要先沙盤推演，預想對方可能會使用什麼樣的戰術，然後反其道而行，攻其不備。

成功的方法千百種，沒有人能說什麼樣的方法一定有用，而什麼樣的方法一定沒用，得試過了才知道。

兵法兵書也是人寫的，當然不可能面面俱到，考慮周全。所謂「盡信書不如無書」的說法，就是這個道理，如果只是死記硬背而不懂得融會貫通，對方只要識破了你的戰術，就能夠徹徹底底地吃定了你。

就好像學圍棋的時候，參考前人所遺留下來的定石良方，必定可以學習到很多很好、很玄妙的步法，但是，這些定石步法別人難道就沒學過嗎？

如果只是呆呆地照著書上走，當對手在你的致命之處提前落了子，那豈不時全盤被打亂，一步也動彈不得了嗎？

帶領法國軍隊橫掃歐洲大陸，幾乎攻無不克的一代英雄拿破崙說：「有一句確切不移的作戰格言，便是不要做你的敵人所願望的任何事——理由極簡單，就

是因為敵人如此願望。」

想要在人生戰場上攻無不克、橫掃千軍，或許方法有很多種，但原則終究只有一個，就是不輕估敵人，充足準備且懂得靈活權變；有時候，看似平凡招數在適當的時機裡，只要使得好，可能也會變成絕妙好計。

心境決定你的處境

我們就是人，不是畸人，也不是愚人，所以應當從命運之神的手中，把自己的幸福爭取過來。

——俄國作家屠格涅夫

想要致富，先創造商品的價值

想要積極致富，就不能不重視商業的基本原則。把握了原則，加入自己的創意，成功其實也不見得是件難事。

很多人在電視上教導大家什麼是正確的理財觀念。

比方說，買賣股票，不要只看一天的漲跌，不要一聽到什麼風吹草動就嚇得全數拋出，因爲這樣一來，投資人在心理交相作用之下，會導致股市眞的變得一片綠油油，哀哭痛嚎也不會有人理會。

因爲買的人是你，賣的人也是你，不是嗎？

此外，許多理財專家最常講的一個致勝的理論就是，在別人爭相出場的時候，

就是你等著進場的良機。

「人棄我取，人取我與」，確實是千古不變的理財良方。

愛默生在《論財富》一文中，提到一項致富的方法：「商業的技巧就在於把一個東西從它富饒的產地帶到能夠高價賣出的地方去。」

至於世界知名的成功實業家松下幸之助則認爲：「事業成功的首要條件，不在事業家的價值判斷，而是顧客的價值判斷。顧客認為有價值，才是決定性的因素。」

創造產品的主觀價值，是商業之所以能成功的主因之一。就如同松下所言，消費者覺得物超所值，自然就樂意購買，所以如何評斷、預估消費者的心理，對於能否推出有市場的產品，有著絕對性的影響力。

想要積極致富，就不能不重視這些商業的基本原則。把握了原則，加入自己的創意，成功不見得是件難事。

只是，在我們積極致富的過程中，別忘了不要讓「貪」字爬到我們頭上，不然就變成了人人唾罵的奸商，破壞了貨物市場中正常的供需原則，最後自己也不可能逃離經濟崩潰的風暴。

如果有人惡意囤積貨物，哄抬售價，不僅破壞供需平衡，許多人將因此蒙受損失，反而使得人心產生不安，害怕投資；經濟市場中若完全沒有人投入，沒有人需求，供應再多也沒有人要，那麼誰也得不到好處，不是嗎？

心境決定你的處境

我們不應當為虛榮而生而，要以自己的真實面貌在社會行走，充滿自信地在人生道路上昂首闊步。

——英國哲學家羅素

不斷努力，才能獲得勝利

我們無須妄自菲薄，但是我們必須要以勤奮與真心來對自己負責。唯有經過不斷地努力與練習，才能順利踩上那塊通往成功的石階。

古羅馬哲學家賀拉斯說：「苦學而沒有豐富的天才，有天才而沒有訓練，都歸無用；兩者應該互相為用，相互結合。」

雖然說如果沒有一分天才，縱使有九十九分的努力，也達不到登峰造極的境界；但是如果只有一分天才，卻怠惰得一分努力也未盡，那麼空有天才也是枉然，只是白白浪費了老天爺給予的天賦。

德國音樂家舒曼說過：「勤勉而頑強地鑽研，永遠可以使你百尺竿頭、更進一步。」所以，就算有天分，也要持之以恆地不斷投入，認眞學習，否則那株剛萌芽的天資，就會被摧折而亡。

成功的人之所以偉大，並不在於最後光彩奪目的成就，而是在於他們點滴累積的奮鬥過程。德國音樂家貝多芬說過如此一句話：「涓滴之水終可磨損大石，不是由於它力量強大，而是由於晝夜的滴墜。」

我們都有屬於自己的一種天分，可能說得好，可能跳得高，可能跑得快，也可能想得比別人遠……我們無須妄自菲薄，認爲別人的長處勝過我們，但是我們必須要以勤奮與眞心對自己負責。

唯有經過不斷地努力與練習，才能順利踩上那塊通往成功的石階。

心境決定你的處境

當我們為一去不返的青春嘆息時，應當考慮到將來衰老的時候，不要再為沒有珍惜壯年時光而悔恨。

——德來頓

安排適當的人在適當的職位

了解每一個員工真正的能力以及專業領域，而後交辦適當的任務，給予他們相當的磨練。逐步訓練培養，員工便能發揮自己的實力。

有一句話說：「工欲善其事，必先利其器。」意思就是說，想要順利完成一件事，首先要準備好適當的工具。

做事情如此，在職場管理上也是如此，一個好主管只要懂得知才善任，把適當的人才安排在適當的位置，他們便能夠適切地發揮他們的才幹，讓工作有效率地進行。

相反的，如果沒有依照能力興趣給予適當的安排，那麼不只工作沒有效率，

還會惹來許多無謂的抱怨，突增困擾也就算了，人才再好也留他不住。

除此之外，身爲主管的人還需要儘量避免的一點，就是職場中最常見的「走後門」文化。雖然說「內舉不避親，外舉不避仇」，但是難免會讓人有「利益掛勾」的聯想，至於因爲主管職權被安插進來的特權分子，恐怕也會被人另眼相待，無形中與他人之間多了層隔閡。

至少，別人先看到的，會是他的特權身分，而非他的能力。

特權份子或許是有才幹的人，但是如果升遷是來自於破格拔擢，卻又沒有辦法立刻表現出讓其他人認可的實力，那麼就算眞的得到那份工作，也只是一時的僥倖。在這種狀況下，一旦遇上了難題，想必很難得到其他同僚的支援，因爲大家就等著看他的笑話。

如果眞的重視他的才幹，那麼就應該先安排一個適當的職位，讓他好好發揮，做出成績以後，別人自然就不會再小覷他的能力，也會認可他有能力擔當重任。這才是眞正栽培一個好人才的方法。

管理學大師彼得．杜拉克說：「管理者的任務，在於運用每一個人的才幹，以一當十，以十當百，發揮相乘的效果。」

管理者想要達成這樣的任務，首先就要去了解每一個員工眞正的能力以及專業領域，而後交辦適當的任務，給予他們相當的磨練。在工作之中逐步訓練培養，員工便能發揮自己的實力，共創企業的產能，彼此共同進步、共同發展，如此才是眞正的管理之道。

心境決定你的處境

行事莽撞草率會毀壞自己，應該讓心情冷靜下來，讓自己的頭腦更加清醒。

——法國作家巴爾札克

讓手足成為人生的支柱

每個人都期望自己背後有個強大的情感支持力量，可以作為自己的後盾，讓自己保有不斷向前衝刺的動力。

俄國大文豪托爾斯泰曾經說過：「我們都是同一位父親的孩子，不愛我們的兄弟是不自然的事。」

自古以來，兄友弟恭便是一種美德，能夠在親情濃厚的環境中成長，無疑是一件十分幸福的事。除了父母之外，兄弟姐妹就是我們最親近的家人了，應該讓彼此成為人生的支柱。

有一句話說：「正如陽光是由許許多多光線組成，任何感情也是由許多單個

感情組成的。」

無論哪種情感，都是累積而來的，手足間有的是血緣，如果想要培植彼此深厚的情感與家庭和諧的幸福，那麼首先彼此都得眞心付出，以自己的尊重和愛，來贏得對方的尊重和愛。

紀伯倫在《先知》裡寫過這樣一段話：「除非臨到了別離的時候，愛永遠不會知道自己的深淺。」

人就是如此，永遠要等到失去了才明白什麼是眞正可貴的，才後悔自己爲何不懂得更加地珍惜。

所謂「知音難尋」，如果這個知音人又是自己最最親近的兄弟，那麼更是難得了。

相信每個人都期望自己背後有個強大的情感支持力量，可以作爲自己的後盾，讓自己保有不斷向前衝刺的動力。這個力量的來源，或許是父母，或許是配偶，或許是朋友，也可能是兄弟姐妹；有個生死與共的手足至親，不也是一種幸福嗎？

法國作家巴爾札克在《幻滅》一書中寫道：「敬是感情的基礎，有了敬意，感情才切實可靠，而切實可靠的感情又是我們生活所必需的。」

想要得到深切的情感支持，那麼，毫無疑問的，我們得先伸出友誼的雙手。「想要得到別人的熱烈之愛，自己也應該熱烈去愛別人。」法國作家左拉所言，實在眞知灼見，一針見血。

沒錯，想要兄弟姐妹愛自己，首先得無條件地愛他們，而後才能成爲彼此心中的支柱，共同扶持走過人生的道路。

心境決定你的處境

生命並不全是凋蔽和衰老，也有著心靈的成熟和勃發，而且，它會超越突破肉體的外殼。

——英國作家麥克唐納

PART 3

及時修正方向，
就不會暈頭轉向

一發現了錯誤就要及時修正方向，
否則錯誤所造成的差異就越來越遠，
到最後變成無法收拾的遺憾，
就太可惜了。

戀棧，只會讓你看不清危險

戀棧，是一種自我催眠，會讓人看不見前方的危險。放任戀棧心態，認為自己舉足輕重，恐怕會讓自己陷入難堪的境地。

失去了利用價值，就算東西還好好的，也已經沒有多大用處了。所謂「兔死狗烹，鳥盡弓藏」，其實是很簡單也很實際的道理。

因此，知道功成身退，懂得見好就收，無疑是改變自身處境的智慧。

然而，當成功之後還有更大的成功，慾望之後還有更大的慾望，我們能不能當機立斷、毅然決然地離開那個看似機會的洪流，還是會如同三流的賭徒般，在最後一把輸光了身家性命？

看過《鹿鼎記》的人都知道，韋小寶一再爲康熙立功，不斷加官晉爵，到了最後，康熙儘管仍信賴韋小寶這個朋友，卻沒有辦法抹去內心「功高震主」的陰霾，以至於這對好朋友終究還是得分道揚鑣。

懂得急流勇退，才是聰明人。

有人說：「明智的人永遠信奉這樣一句格言：『在事物拋棄你之前先拋棄它。』」

例如，運動員的運動生涯大抵就在青年時期的黃金十年，經過這個時期之後，身體機能漸漸衰退，想要再創佳績就不容易了。所以，每一位運動員都渴望在成績攀登頂峰的時刻光榮退休，而不要等到自己如同落日殘陽之際，被無數後進超越，光芒不再，只剩清冷黯淡的黑夜。

有一種說法，很有意思：「真正重要的，不是你到場時大家鼓掌歡迎，而是你走後，別人還對你念念不忘。」

還記得賞櫻時的經驗，花苞初綻時，疏疏落落不甚起眼，但是，所有人絕對會對滿天花舞的景象驚聲讚嘆，久久難以忘懷，至於花季過後滿地狼藉的花屍，便再也無人加以理會了。

戀棧，是一種自我催眠，會讓人看不見前方的危險。

櫻花再美也有落地的一天，如果放任戀棧心態，驕傲自恃自己的存在，認爲自己舉足輕重，恐怕會讓自己陷入難堪的境地。

換個角度來想，「落紅不是無情物，化做春泥更護花」，能夠順利在這座舞台下場，就有機會登上另一座舞台，又何必霸著不放，非得等到觀衆噓聲四起不得不狼狽下台時才肯結束呢？

心境決定你的處境

一扇看去開著的門，必須符合人的尺寸，不然的話，它就不是上帝為你所開的門。

——美國作家比徹

不能適應，就設法改變環境

當環境或工作流程不符合自己所願的時候，與其不停地埋怨，還不如費些心思在自己能力範圍內謀求改變。

想要在這個競爭激烈的社會有所成就，必須明瞭每一個工作環境不同、工作的內容與性質不同，當然，對於工作品質的要求也有所差異。

更重要的是，要明白不一定每一個人都能得到自己夢想中的工作，因此來自於工作中的考驗，也就更爲劇烈。

日本人相當重視名人，設計了許多電視節目，塑造了各行各業的名人工作者，他們的每一項專門技藝，都讓坐在電視機前面的觀衆感到讚嘆與佩服。當然，這並不代表只有日本人最厲害，而是他們尊重專業的態度，使得每一位工作者樂意投入自己的工作領域，追求頂尖與卓越，以自己的工作爲榮。

要做就做到最好，否則不如不做，只要心之所向，什麼事都辦得到。

遇事多看光明面，能夠提振自己的信心，增添了成功的希望；相反的，遇事只看黑暗面，非但一開始就產生了排斥心理，動力全失，失敗的機率也會因而大增。

若能夠以自己的方式來樂愛工作，就能夠消除許多因爲不順遂而帶來的心理影響。因此，當環境或工作流程不符合自己所願的時候，與其不停地埋怨，還不如費些心思在自己能力範圍內謀求改變。要知道，人生最大的障礙，其實是自己。

心境決定你的處境

如果能夠享受工作的樂趣，那麼人生就是天堂，如果工作是義務，那麼人生就是在地獄。

——俄國作家高爾基

摒棄成見，才能利用別人的優點

成功者要有容人忍人的氣度，摒棄自我的偏見，在敵人身上找尋對自己有利的特點，然後充分利用，就能將自己推上成功之巔。

你討厭你的敵人嗎？

這個問題乍聽之下很好笑，當然討厭！既然對方是敵人，自己怎麼可能會喜歡他們呢？

可是，我們可曾想過，爲什麼我們一定要討厭敵人？

這些敵人究竟是怎麼來的？爲什麼耶穌和佛陀要求我們「愛我們的敵人」，進行起來那麼困難？

如果我們沒有將對方視爲敵人，那麼對方還能算得上是敵人嗎？

或許，敵人可解釋爲競爭對手，因爲他們和我們爭奪相同的利益，而且可能造成我們某種程度的損失，所以我們必須將他們視爲敵對，徹底地討厭他們，彷彿如此才能保持足夠的競爭力。

因爲，好像只要緊守著那一份不認輸的感覺，就像有了一種無形的支撐力，支撐著我們持續下去。

然而，這些被我們視爲敵人的人，眞的一無可取嗎？

換個時間立場，我們還會這麼想嗎？

有一句話是這麼說的：「沒有絕對的朋友與敵人。」

現實生活中，最難適應的就是角色的調適，有時候只要我們稍微改變根深柢固的念頭和成見，就可以輕易地化敵爲友，進而演繹出不一樣的人生。

刀子是利器，使用不當可能會受傷，但是抓對了刀柄，使用得當則既能傷人也能自衛。

敵人又何嘗不是如此？能夠善用權謀，減少一個敵人，增加一個幫手，不也是一項成功的途徑嗎？

在對的地方用對的人，這是「知人善用」的核心價值，成功者要有容人忍人的氣度，摒棄自我的偏見，在敵人身上找尋對自己有利的特點，然後充分利用，就能將自己推上成功之巔。

心境決定你的處境

人生不時有些難得的時刻，凡事一經決定就能影響深遠，在這種關鍵時刻，應該有勇氣表示贊成或者反對。

——法國作家莫洛亞

堅守自我的理想與目標

缺乏自我意識，我們不過是社會塑造而成的泥偶。盲目地跟隨社會潮流，忽略了自我內心的呼喚，如此的成功並不算是真正的成功。

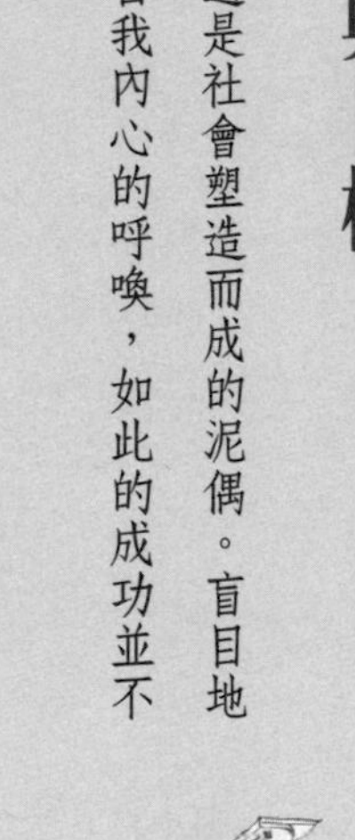

美國作家渥爾庫特曾經寫道：「在遙遠的地方，太陽的光輝使我最為嚮往，即使我不能到那裡去，但是，我相信當我舉目眺望那種美景時，我也能夠朝那個光芒萬丈的方向前進。」

有著明確目標的人生，就如同在冬天裡舉目遠眺陽光一般，令人自心中升起一股繼續前進的力量。

德國思想家歌德曾經如此勸勉我們：「人生最重要的事就是要有遠大的目標，

同時要有達成目標的能力和體力。」

這句話說明，光有目標還不成，必須有實踐目標的恆心與耐力，加上能力與體力，夢想才不會是無法觸及的幻影。

成功的人對自己充滿信心，更堅信自己能有一番不同於人的作爲。

他們知道想要成功要具備許多條件，也樂於學習以增加自己的實力，他們清楚自己想要的到底是什麼，所以不斷地朝自己的理想方向邁進。

美國知名作家愛默生認爲：「如果我們不能檢視自己並且清楚我們的要求，我們就會變得毫無價值。」

因爲，如果缺乏自我意識，我們不過是社會塑造而成的泥偶。失去了自己的目標，盲目地跟隨社會潮流，忽略了自我內心的呼喚，如此的成功並不算是眞正的成功。

成功的人往往是認眞看待自己、忠於自我的人。

他們對自己的人生有所期望，也竭盡自己所能去完成理想，這樣執著的態度，自然是令人佩服的。

成功學大師卡耐基曾經說過：「人在身處困境之時，適應環境的能力，通常比在順境時更為驚人。」

的確，只要是人，都具備忍受不幸，戰勝困境的能力，重點就在於懂不懂得及時改變心境，將這股只有在困境才能顯現出來的驚人潛力激發出來，幫助自己及早走出困境。

心境決定你的處境

對於那些不懂得生活的人來說，生活只不過是被時間波濤衝走的，未受過經的蛋卵而已。

——英國作家艾略特

及時修正方向，就不會暈頭轉向

一發現了錯誤就要及時修正方向，否則錯誤所造成的差異就越來越遠，到最後變成無法收拾的遺憾，就太可惜了。

人不是萬能的，當然難免會有錯誤發生。很多時候，剛開始可能只是看起來微不足道的小失誤，但一個反應將會影響到下一個反應，經過連鎖反應之後，事情可能就會變得不可收拾。

這種情況就好像迷了路，非但不停下腳步，反而執迷不悟地恣意前行，最後想要再走回原路，當然難上加難了。

莎士比亞曾經說過這麼一句話：「有些人終生向幻影追逐，最後他們所得的，也只是幻想似的滿足。」

如果不想一切努力全化爲泡影，就得及早認清自己所追求的，是明確的目標還是虛渺的幻影，才不至於浪費了時間與精力，卻一無所得。

所謂「失之毫釐，差之千里」，一點點的差異，說不定就有了不同的結果，因此我們不得不小心謹慎，步步爲營，否則一不小心，就如同步上歧途的羊一般，愈行愈遠，一旦迷了路，就再也找不回自己原本的道路。

爲學、處事更是如此，一旦迷失了正確的方向，就很容易出了差錯，走上錯誤的路途，唯有及時回頭，方有亡牢補羊的可能，否則就會誤入歧途而一無所獲了。

迷失往往源於自以爲是，崇尚自然主義的法國思想家盧梭就說過：「讀書讀得太多，反而會造成一些自以為是的無知的人。」

自古以來，多少人提出他們的見解和理論，但這並不代表他們所說的就一定是眞理。如果去學習這些理論的人，不能以自己的想法去辨析、去思索，那麼最後一定會在各種看似相同、實則相異的說法中迷失了方向。

如果只是從頭來過，也許只是浪費了光陰，但如果鑽進了牛角尖，又繞不回原路，就連想要重新開始都已難爲的話，豈不是損失慘重？

所以一發現了錯誤就要及時修正方向，否則錯誤所造成的差異就越來越遠，到最後變成無法收拾的遺憾，就太可惜了。

心境決定你的處境

只要認真細心地去尋找，你就能找到命運女神，雖然她是盲目的，但是你還是能見到她。

——英國思想家培根

時時保持思緒的流動

保持思緒的流動，就能增加心靈的柔軟度，也更能提升自己的競爭力，永遠不被時代淘汰。

一盆水，沒人去動它，或許可以維持長久時間平靜無波，但不會流動的水，最後只有發臭生蟲的下場。

然而，若是能將這盆水取來洗衣、煮飯，或是澆花、栽樹，都可以讓這盆水發揮更大的功用，重新回歸自然的循環、重新利用。

思想也是如此，人的思緒雖然無形，但是更需要保持流動，以免凝固不動，成爲死腦筋。

經驗與資歷固然重要，然而，並不是衡量能力與才華的唯一標準。

有些人或許有十年、二十年的經驗，但卻只是年復一年地重複著類似的工作，對於工作的內容固然很熟練，其實只不過是將一年的經驗，重複使用十次、二十次而已。

這樣的人，對於處理本身熟悉的工作，或許可以不出差錯，但這種看似無關緊要，其實相當可怕的重複，已然阻礙了心靈的成長，扼殺了想像力與創造力，工作時間再長也只是依樣畫葫蘆，根本沒有辦法接受新事物。

一個人如果連腦子都僵化了，更別說可能會有什麼新想法。

一個人的價值，不在於他人的給予，而是來自於自己的追尋。

你認爲自己是個有價值的人嗎？

你期望自己擁有什麼樣的價值呢？

你或許得先問問自己，是否不斷地自我挑戰、不斷地追求新的領悟與學習新的知識？

保持思緒的流動，就能增加心靈的柔軟度，也更能提升自己的競爭力，永遠不被時代淘汰。

一個人如果習慣得過且過，不敢挑戰困劣的環境，不願意動腦，內心充滿著「無能爲力」的消極想法，那麼最後就會淪爲既可憐又可鄙的人。

心境決定你的處境

人生的道路像一條大河，由於急流本身的衝擊力，在從前沒有水流的地方，沖刷出嶄新的意想不到的河道。

——印度詩人泰戈爾

不要讓慾望主宰你的人生方向

我們如果完全受制於財富與慾望的追求，勢必沒有辦法逃離壓力的生活，當然更無法感受到真正的快樂。

自從發行彩券之後，一到了開獎日，總能看到不少人在投注站外排隊，口頭上雖說打算花小錢做公益，但心裡卻滿懷期待地希望這一期的頭彩彩金會轟隆一聲砸到自己頭上。

另外一種時常聽到的新聞，就是詐騙集團猖獗橫行，什麼花招都使得出來，該說現代人是窮瘋了，還是只要是人就沒有辦法逃離錢財的誘惑，甚至不惜作奸犯科來滿足自己的慾望？

愛財是人的本性，希望擁有足夠的錢財來滿足自己的各種想望，並不是一件錯事。只是「愛財無過，取之有道」，是大家在追求財富的時候，應當放在心上的道理，以免一時利欲薰心，做出不法的情事，就後悔莫及了。

關於錢財，莎士比亞有過一段精彩的描寫：「金子！發光的金子！寶貴的金子！黃黃的，只有這麼一點兒。可以使黑的變成白的，醜的變成美的，錯的變成對的，卑賤的變成尊貴，老人變成少年，懦夫變成勇士。這黃色的奴隸可以使異教聯盟，同宗分裂；它能使受咒詛的人得福，使害著灰白癩病的人為眾人所敬愛；它可以使竊賊得到高爵顯位，和元老們分庭抗禮。」

仔細回顧古今中外歷史，再看看現實環境，我們不得不爲莎翁分析之犀利透徹而感到佩服。

的確，人有慾望才有追求目標的動力，但若讓慾望蒙蔽了心智，那麼很容易就會犯下錯事，所謂一失足成千古恨，若不能克制自己的慾望而被牽著鼻子走，讓自己陷入萬劫不復的境地，便後悔莫及了。

有了錢，還想要得到更多的錢；滿足了微小的慾望，又帶來了更大的慾望。

正如叔本華所說：「財富就像海水，你喝得越多，你就越感到口渴。」

我們如果完全受制於財富與慾望的追求，勢必沒有辦法逃離壓力的生活，當然更無法感受到真正的快樂。

心境決定你的處境

對於命運變化無常，我們感慨得太多了，然而仔細想想，過失其實都在於自己。

——俄國作家克雷洛夫

自尋煩惱，日子當然過得苦惱

認真看待問題，但不要過度反應，如此才不至於平白增加更多的生活壓力。整天自尋煩惱，解不開眉頭的結，日子怎麼快樂得起來呢？

快樂在哪裡？要怎麼樣才能快樂？

這個問題很多人問，卻似乎很難有眞正統一的回答。或許就如同那句老話：「如人飲水，冷暖自知。」本來，對甲來說快樂如天堂的事，說不定對乙來說卻是苦痛如地獄，因爲所謂「快樂」是一種感受的問題。

但有一點是不容置疑的，那就是：「自尋煩惱的人，絕對不會快樂。」

我們平日固然應該要多方觀察、防患於未然，但凡事更應該適可而止，發現了問題，先冷靜下來進一步觀察，看看是否有跡可尋，或有前例可依，多方查證眞正深入瞭解問題的根源所在，再循序漸進地將問題解決，至於不可能發生或力有未逮的事，就不需白費氣力了。

「杞人憂天」的故事裡的那個主角，其實是個很有「想像力」的人，他沒有安逸於眼前平穩的一切，反而對現實提出質疑。

有想像力，本來是件好事，德國思想家歌德就曾說過：「幻想是詩人的翅膀，假設是科學家的天梯。」意思就是說如果沒有了想像力，詩人就寫不出動人的詩句，科學家也無從研究任何學問。

但是，我們可別忘了，歌德也曾經說過另外一個重點：「有想像力，沒有鑑別力，是世界上最可怕的事。」

像杞人這樣沒事就擔憂天會崩塌，甚至干擾到自己原本的生活，茶飯不思、精神憔悴，實在是沒有必要。

對於自己無力解決的問題，何不就交給做得到的人去傷腦筋呢？

雖然，能夠發現別人沒發現的問題是相當敏銳的，但是，如果沒有辦法解決那些問題，豈不是白白讓自己難過而已？坦白說，過度擔憂自己無能爲力的事情，其實也無濟於事，不是嗎？

認眞看待問題，但不要過度反應，如此才不至於平白增加更多的生活壓力。整天自尋煩惱，解不開眉頭的結，日子怎麼快樂得起來呢？

光是天馬行空亂想，卻沒有行動力相伴的人，還不如當一隻井底之蛙來得快樂多了，至少那井底蛙還滿足於待在自己的小小天地裡呢！

心境決定你的處境

勇敢的人開鑿自己的命運之路，每個人都應該是自己的命運開拓者。

——西班牙作家塞萬提斯

PART 4

彼此尊重就是最好的互動

地位越崇高的人，
他的意見更容易受到更多人的檢驗；
反對的人越多，
就越能看出一個人的氣度是否寬宏。

換個環境，不必葬送自己的人生

每個人都有自己的生涯規劃，沒有人應該為他人的人生負責，也沒必要為了三餐而葬送自己的人生。

現代人找工作和現代人談戀愛的心態，頗有異曲同工之妙，大家都抱著「合則聚，不合則散」的想法，所以換工作和換戀人的頻率，遠遠超過我們的父母時代，更不用說是祖父祖母時代了。

以前的人認爲，常換工作的人一定是沒人要的人，就和常換情人的人一樣沒什麼價值；但是，現在可不一樣了，常換工作並不一定表示能力差，可能還是工作經驗豐富的一種表現呢！

造成這種現象，主要的原因就在於自主觀念崛起，現代人學會愛自己，而不再一味地委屈自己了。所以，老闆們不再擁有絕對的優勢，員工們只要有能力，也可以決定要在哪一棵良木上棲身。

企業渴求有爲有能的好人才，而人才也會篩選體質優、福利好的好企業，惡劣剝削的企業和打混沒產值的員工，都得被迫退出這個現代的職場環境。仔細想想，這應該算得上是一種良性的競爭成長。

現在找工作和覓人才，有一個很不錯的措施稱爲「試用期」，也就是給企業和員工一段短暫的時間，彼此試驗、彼此考驗，確認雙方眞的合適，才算媒合了一段優質的主僱關係，達到雙贏的目的。

如果，試用期過後發現，員工不適任或者老闆剛愎自用，那麼還是早早結束這段關係，省得彼此痛苦。

有一句話是這麼說的：「你不能把你的職業發展完全依賴於僱主，他可不會好到為你操心這些事的地步。」

的確，每個人都有自己的生涯規劃，沒有人應該爲他人的人生負責，也沒必要爲了三餐而葬送自己的人生。

陣前倒戈確實是要不得的行爲，但是這並不表示我們得陪著冥頑不靈的主子一起沉淪，甚至一起滅亡。

所以，當發現問題時，盡自己的職責去告知、去解決，如果苦勸不聽，仍一意孤行，那也就無須多費唇舌了。

因爲，當老闆不再認爲你的意見是良策的時候，你的計劃再好，也不會有獲用的機會，那麼何苦浪費彼此的時間呢？

換片天空，彼此都能自由呼吸，不也挺好？

心境決定你的處境

所有一切屬於生活的東西，都必定是屬於幸福的，因為生活和幸福原本就是同一個東西。

——德國哲學家費爾巴哈

彼此尊重就是最好的互動

地位越崇高的人，意見更容易受到更多人的檢驗；反對的人越多，就越能看出一個人的氣度是否寬宏。

心境決定你的處境，氣度決定你的高度。如果你對眼前的人事物感到十分不耐，不妨靜下心來，試著用寬闊的心胸進行互動，或許如此一來，你便會從生活和工作中看到更開闊的前景。

心理學家亨利．詹姆斯說過一句話：「與人來往，不能忘記的一件事情就是：對方有其生活方式，所以我們不能去干擾對方的生活圈子。」

如果我們能夠信守這一句話，那麼世界上或許就能少去不少的紛爭了。因爲，

這個世界上大部分的糾紛，都出自於我們老是想改變別人，卻不怎麼想改變自己，彼此互不相讓的結果，就是面對面衝突，優勝劣敗，誰輸了誰就得改變。

其實，彼此尊重就是最好的互動，有時候爲他人留餘地，就是爲自己留餘地；給別人留面子，自己也會有面子。

富蘭克林認爲，想要建立和諧的人際關係，首先就是尊重對方。

他曾經這麼說：「假如對方說了不中聽的話，你也不要討厭他。倒不如用積極的方法儘量轉移話題。同時一方面要尊重對方的意見，如此，對方也會尊重你的意見。」

本來每個人就是不同的個體，不一定都能夠有相同的想法和看法，面對和自己想法歧異的人，若是仍能保有一定的尊重態度，對方縱使再沒風度，也不好發作，免除了衝突的危機，就不至於輕易地破壞了彼此間的和諧。

我們不難見到，地位越崇高的人，意見更容易受到更多人的檢驗；反對的人越多，就越能看出一個人的氣度是否寬宏。

大文豪蕭伯納曾說：「一個人不論有多大成就，對任何人都應該平等相待，要永遠謙遜啊！」

每個人都有自己的堅持，但在堅持的同時，也要展現對對方的尊重；不爲了保護自己而不惜傷害他人，這才是眞正的賢明氣度。

心境決定你的處境

人生是一部道道地地的浪漫史，當人們勇敢地過著浪漫式的生活時，他便會發出比任何虛構都要充滿快樂的想像。

——美國作家愛默生

用幽默的態度開拓人生的寬度

善用幽默的技巧，可以幫助我們潤滑人與人之間的關係，化解不必要的衝突。改變生活的態度，就能輕鬆贏得人生的寬度。

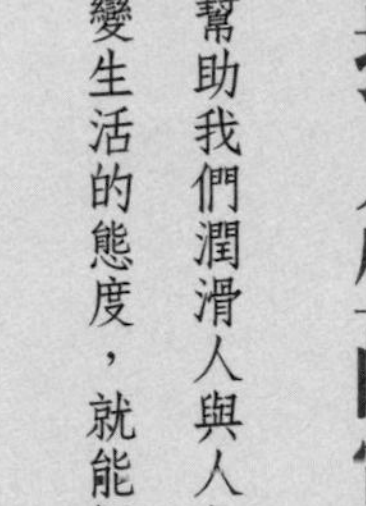

人生豈能盡如己意，不如意的事情多了，日子就難過了。但是，日子再難過還是得過，不是嗎？何不學著以幽默的角度來看待生活中的困境，以輕鬆的態度來面對問題？壓力減輕了，心情自然好，心情變好了，事情說不定也會跟著轉危為安。

幽默大師林語堂在〈談幽默〉一文裡，曾經這麼說：「現代人把人生看得太嚴重，世界就充滿了苦惱。我們不應該忽略了幽默的重要性，因為幽默感可以改

變整個人類文化生活的性質。」

培養幽默感，可以讓我們的生活過得更快樂。

莎士比亞曾經這麼說：「誰要是能夠把悲哀一笑置之，悲哀也會減弱它咬人的力量。」

人生總有很多時候難免事與願違，縱使我們再不情願，也無力去改變。例如，老天要下雨、颳風、淹大水，這些都不是我們能掌握的狀況，除了想辦法將災害降到最低之外，又有什麼方法？

遇到挫折，總會讓人感到難過，對於那些無能爲力的問題狀況，更是讓人既無奈又沮喪。可是，不論我們怎麼預防，挫折還是會出現，失敗還是在所難免。我們當然可以選擇憎恨和埋怨，但是那也於事無補，不是嗎？

如果面對這樣的挫折，能以幽默的態度視之，聳聳肩，笑一笑，事情也似乎變得不那麼嚴重了。

知名作家米蘭．昆德拉在書中曾經這麼說：「既然生命始終不如人意，那就把它當成是一種玩笑吧！」

能夠笑看人生悲歡離合的人，應該也是心靈最富有的人吧！

日本教育家池田大作說：「幽默是人類情感的自然流露，直接聯結在對方的本性上，可以像潤滑油一樣滋潤人生。」

善用幽默的技巧，可以幫助我們潤滑人與人之間的關係，化解不必要的衝突；改變生活的態度，就能輕鬆贏得人生的寬度。

心境決定你的處境

人，當作自己看待時，他是有限的，但是當他在自己本身中，卻是無限性的泉源。他是自己本身的目的——他在自身中有一種無限的價值一種永恆的使命。

——德國哲學家黑格爾

懂得惜福，才是最大的幸福

貧窮與富有，其實是來自於比較；因為有比較，所以有高低；因為有高低，所以才有欣羨與妒恨，也才造成了世間的紛擾。

許多人都認爲自己的生活遠遠比不上別人，吃得比別人差，穿得比別人寒酸，爲了一爭長短，不惜耗費各種代價，打腫臉充胖子，也不肯在任何方面輸人一截。

其實，貧窮與富有是來自於比較；因爲有比較，所以有高低，因爲有高低，所以才有欣羨與妒恨，也才造成了世間的紛擾。

人的慾望，是永遠不會饜足的，看著別人光華炫麗的外在、享受錦衣玉食，不禁益發覺得自己缺乏，也益發感受到心有不甘。

就是這一分不甘心，讓人因此被逼著不斷追逐名利與權勢。

我們總是忙著向前比、向上比，目光變得愈來愈狹小，卻不知相較起自己身後的許多人來說，我們其實享有了足夠的富足。

隨著世界性的不景氣，許多人開始眞實地體會到了貧窮的感受，爲著未來而茫然不安。

但我們可曾想過，其實有很多我們以爲理所當然，甚至是微不足道的事情，在某些人的心中，已是極其珍貴的幸福。所以，不必忙著抱怨生活的刻苦，倒是要多多珍惜眼前的幸福，這就是人生最大的富有。

心境決定你的處境

一定的憂愁、痛苦或煩惱，對每個人都是時時必需的。一艘船如果沒有壓艙物，便不會穩定，不能朝著目的地一直前進。

——叔本華

擁有眞材實料就不怕摔跤

社會很虛幻，也很現實，我們相信名人也等著看名人摔跤；如果你沒有真材實料，接踵而來的，恐怕是更為嚴厲的苛責。

很多人在不景氣的時代遭到淘汰，並不是眞的能力不行，而是不懂得充實自己，跌倒之後也不懂得調整自己的心境。

無論失業還是失意，遭遇挫折的時候，必須先學會檢討自己的缺失，不要老是責怪環境，才不會在詭譎多變的人生路上一再摔跤。

想要獲得成功，必須懂得發揮自己的優勢，而不是複製別人的成功模式。如果你不知道自己想要什麼，不知道自己的定位在哪裡，即使機會從你面前走過，你也不會知道它就是難得的契機。

古代波斯哲人薩迪曾經這麼說過：「金銀財寶皆容易喪失，只有手藝才是永恆的財富。」

的確，有了一技之長，就不怕沒有生存的空間，再怎麼不景氣也能挺過去。會餓死的，通常不是愚人，而是懶人。

所以，不要整天哭叫沒有自己可以發揮的餘地，因爲事實勝於雄辯，只要你願意花時間多多充實自己的實力，將眞正的手藝展現出來，別人自然看得出你的努力。

以職場爲例，挖角絕對不是新聞；有作爲、有能力的人，絕對會有人願意出更高的價碼來招攬。只是，當你被高薪挖角借將之後，衆人等著看的就是你到底有多少實力，值不值這個價碼，所以各種考驗與測試一定會不斷出現，直到衆人眞正肯定了你的能力爲止。

如果只是虛有其表的話，一旦被戳破牛皮，損失的可能不只顏面而已。

這個社會很虛幻，也很現實，我們相信名人，也等著看名人摔跤。

如果你沒有眞材實料，或許剛開始能夠譁衆取寵，得到大衆的注意，但是日子久了，如果不能展現出眞正的實力，在超高標準期待之下，失望後接踵而來的，恐怕是更爲嚴厲的苛責。

相對的，擁有眞材實料，就不怕摔跤。名聲不能當飯吃，只能提供你機會；至於能不能把握機會，獲得眞正的肯定，就看自己的作爲了。

心境決定你的處境

對我來說，人生不是什麼「短暫的燭光」，人生就是我此時此刻舉著的輝煌燦爛的火把。

——英國劇作家蕭伯納

要受人歡迎，就得將心比心

你準備好要做一個「人見人愛」的人了嗎？別忘了，想得人愛，你得先去愛人，或許你也可以從接納你的鄰居開始。

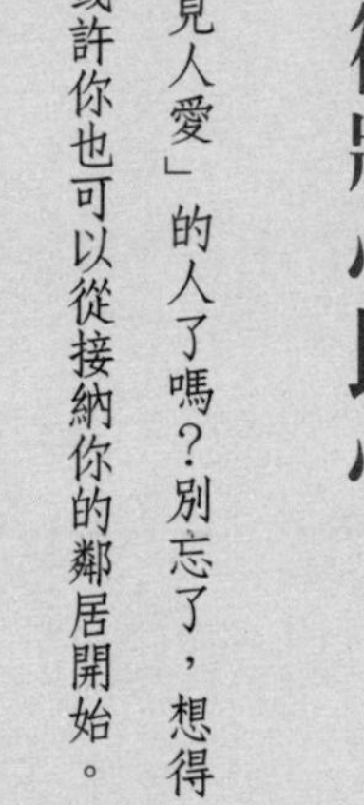

日前有個新聞，左右兩戶人家因爲細故引起糾紛，結果兩家人爲了報復，彼此用盡了心思，發假訃聞、貼祭文、互丟垃圾煙蒂……等等，無所不用其極。

或許你會覺得他們無聊，看不慣就別往來，眼不見爲淨，再不然誰不爽誰搬走，一次徹底解決。可是，憤怒已經蒙蔽了他們的心，他們眼中看到的對方，是經過恨意的包裝，當然不可理喻，當然可惡至極。

但是，事實上眞的是如此嗎？如果他們能夠冷靜下來彼此針對問題溝通，事情恐怕就會有不同的結果了吧！

美國作家古地說：「如果你能從別人的角度多想想，你就不難找到妥善處理問題的方法，因為你和別人的思想溝通了，有了彼此理解的基礎。」

將心比心，我們或許就不會反應過度，而被憤怒蒙蔽了理智。

古人勸我們要「敦親睦鄰」不是沒有道理的。仔細想想，除了家人之外，最容易和我們接觸到的就是鄰居；既然彼此接觸的機會這麼頻繁，如果不能好好相處的話，豈不是讓自己的日子更難過？

當然，喜不喜歡一個人，很多時候是憑直覺決定的事，第一印象不好，以後就很難改觀，對於不喜歡的人，要天天強顏歡笑，無疑是一件很辛苦的事。既然如此，下次搬家的時候，就得先把鄰居這個要素考慮進去。

魏晉南北朝時代有過一個「千金買鄰」的故事，說明了古人對居住環境與選擇芳鄰等事的重視程度。

環境對生活的影響十分深遠，孟母爲子三遷的故事，也說明了要覓得好環境實在非常難能可貴。

情操高亮的人與和善有德的人，都是人們樂於接近的對象。

英國哲學家培根說過：「任何本領都沒有比良好的品格與態度更易受人歡迎，更易謀得高尚的職位。」

擁有良好的品性，待人和善，推己及人，這樣的人，別人如何能不尊重他、喜愛他呢？

你準備好要做一個「人見人愛」的人了嗎？別忘了，想得人愛，你得先去愛人，或許你也可以從接納你的鄰居開始。

心境決定你的處境

十歲時被點心、二十歲被戀人、三十歲被快樂、四十歲被野心、五十歲被貪婪所俘虜的人，什麼時候才能只追求睿智？

——法國思想家盧梭

想投資人才，先把目標說出來

當你立定了明確的志向，同時不斷地朝著方向前進，有志一同的人，便會與你併肩同行，通往成功的路途就近了許多。

沒有人能夠孤獨地活在世界上，人與人之間，始終存在互助的關係，我們必須互相幫助、互補有無，有時候我幫你，有時候你幫我，關係才能長久和諧地延續下去。

美國歷史上最負盛名也最成功的鋼鐵大王卡內基，成功的秘訣就在於，他不只懂得經營事，更懂得經營人。

他曾說過：「要首先引起別人的渴望。凡是能這麼做的人，世人必與他在一起，這種人永不寂寞。」又說：「天底下只有一個方法能影響人，就是提到他們的需要，並且讓他們知道怎麼去獲得。」

想要從別人身上得到些什麼，一味強求逼迫，其實是沒用的，俗話不是說「強摘的瓜不甜」？如果能夠換個方式用心灌溉施肥，等候時機到了，自然瓜熟蒂落，坐享甘甜美味。

當然，灌溉施肥的方法千百種，想要吸納優秀的人才，就得懂得運用方法。方法用得好，人才自然來歸。

關於這一點，中國古代有個「千金買骨」的故事，是頗爲有效的方法，大家不妨可以參考一下。買馬骨是一個投資良才的手段，讓人明白自己的決心和誠意，所以即便是花了千金買回無用的馬骨，但若能因此覓得良駒，也算值得。

美國詩人朗費羅說：「我們是以感覺自己有能力做些什麼事判斷自己；而別人卻以我們已經做成了些什麼事來判斷我們。」

別人對我們的認識一定是由外而內，他們首先觀察的會是我們的外在表現，直到有機會接觸時才會重視我們的內在想法。

從這個角度來說，如果我們希望得到別人的了解，那麼就該先將自己的想法，充分地表露在實際行動上。

將自己的想法和意願表達出來，能夠讓人明白我們的善意和誠意，這樣的話，對方只要有共識，就必定會投桃報李。

有人這麼說，想要達成目標的方法，就是告訴大家自己的目標，時間久了，自然會有人爲你讓出一條路來。

當你立定了明確的志向，同時不斷地朝著方向前進，有志一同的人，便會與你並肩同行，如果你能以誠相待，那麼也許就能得到額外的力量，通往成功的路途就近了許多。

心境決定你的處境

智者是自己命創造者，誰想改變命運，誰就得勤奮工作否，則將一事無成。

——古羅馬思想家譜勞圖斯

如何才能把人才變成天才

有潛力的企業懂得善用新人的眼界來突破舊有的窠臼，想要得到天才，要營造足夠的環境，有了充分的機會，時勢就能創造出英雄。

有一個現象蠻有趣的，仔細看看滿街補習班、安親班的廣告，十個就有七八個冠上天才之名，好像只要加入那個機構，就眞的可以培養出天才似的。

字典裡這麼解釋：「天才，即指具有天賦才能的人。」

「天才」這個字眼，很夢幻也很吸引人，但很遺憾的，不管你我情不情願，我們都得接受大部分人都不過是凡人的這個事實。

話說回來，我們並不應該就此妄自菲薄，因爲我們或許不是每一方面都有過人的能力，但是我們一定能在某一個領域裡得到自己獨一無二的生存空間。比方說，喜歡繪畫的人，雖然不能每個都成爲有名的畫家，但是卻可能在某一個領域之中嶄露頭角，如果他剛好是一名蛋糕師傅，或許他可以將自己的藝術創意應用在蛋糕製作上，成爲一個最具藝術特色的蛋糕師傅。

盧梭說過：「造就出偉大人物的，是偉大的時勢。」其實，本來每個人都有各自的天賦，最重要的是要懂得把握機會和掌握時勢。

別再抱怨自己懷才不遇，只要充分展現你的才智，這個社會必定會充分提供你表現的機會與空間。

相對的，在這個高度競爭的時代，企業穩健發展之道，就在於讓更多人才參與。就算經營小公司，也同樣需要有人提出不同的見解，企業經營者如果老是沉溺於馬屁精的甜言蜜語，又怎麼能看出危機，及時加以改善呢？

有潛力的企業懂得善用新人，會利用新人的眼界來突破舊有的窠臼，修正沉痾的腳步；如此一來，新人得到了磨練，企業也注入了新血，展現出不同以往的新氣象，這才是一舉兩得的良方。

想要得到天才，要營造足夠的環境；有了充分的機會，時勢就能創造出英雄，你也可以把人才變成天才。

心境決定你的處境

如果說生命的黎明是一座樂園，那麼努力耕耘的青春，就是你渴望到達的真正的天堂。

——英國詩人華茲華斯

PART 5

別讓怒氣控制自己的情緒

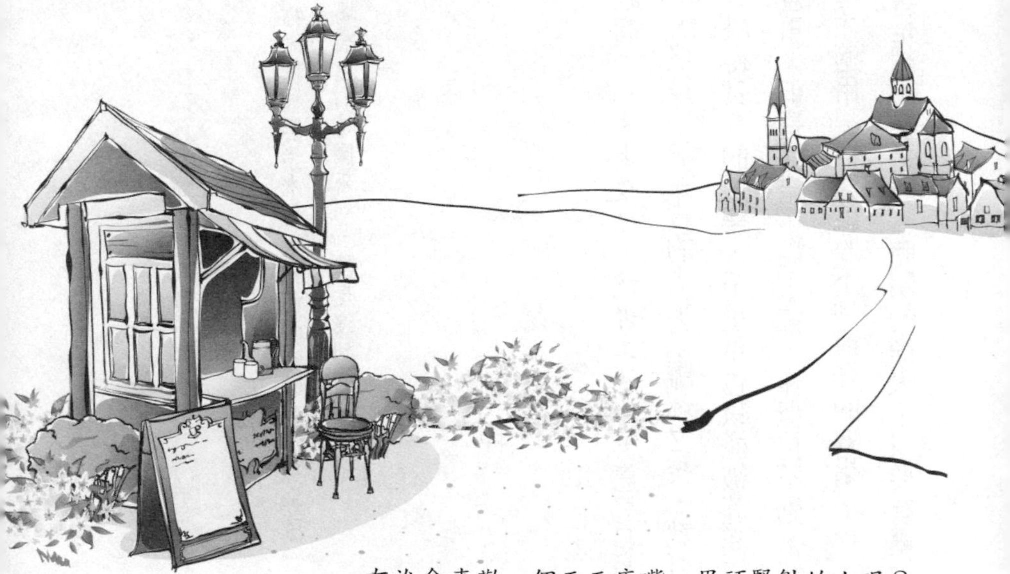

有誰會喜歡一個天天癟嘴、眉頭緊皺的人呢？
器量不大的人也能成為可愛的人，
只要你找出了自己專屬的「洩氣」管道。

有精明眼光，才能完美包裝

審慎評估投資物的種種要素本質，掩飾改造缺點、突顯強調優點，當市場需求的時機來到，就是獲利的時刻。

有句話是這麼說的：「才者璞也，識者工也。」意思是說，有才能的人原本或許如璞玉質樸未明，但是經過識貨的人加以雕琢之後，就可以展現出光芒。

的確，如果沒有識得良駒的伯樂，千里馬也只能被莽漢用來拉車而已。倒不是說拉車不是件好差事，但是找錯了馬來拉，非但拉不動，能載的貨也多不，投資效益極低。沒有適才適用，自然就收不到最好的效果。

想成功致富，也是相同的道理。聰明的商人不只要有靈敏的頭腦，更要有精明的眼光，才能看準時機低進高出，將貌不驚人的貨品改頭換面，重新包裝成炙手可熱的暢銷商品。所謂的「奇貨可居」，就是這個道理。

富翁人人想當，就看你有沒有本事而已。

日本大企業家松下幸之助說：「事業成功的首要條件，不在事業家的價值判斷，而是顧客的價值判斷。顧客認為『有價值』，才是決定性的因素。」

想要聚得財富並非難事，但相信大家也知道獲利越大，風險與代價就越高。所以，進行投資之前，不只要多做功課，掌握局勢變化與供需原則，更要審慎評估投資物的種種要素本質，掩飾改造缺點、突顯強調優點，當市場需求的時機來到，就是獲利的時刻。

心境決定你的處境

懂得如何在逆境中過日子，是智慧的傑作，同時也是人生這部著作中，最難撰寫的篇章。

——瑞士作家阿米爾

既然要裝，就得裝到底

要假裝，那就得咬緊牙假裝到底，如果，你假裝不了，無法忽視自己的感覺，那麼最好的方法大概就是悄悄離開吧。

自從有了媒體之後，就出現了一種新的產物，叫做「公眾人物」。這種產物擄獲了大眾的注意力，許多人透過媒體的塑造，有了美好閃亮的形象，得到大眾的喜愛，更有人藉此從中牟利，諸如明星、偶像、政治人物等，比比皆是。

可惜，群眾就好比流水一樣，既能載舟也能覆舟，藉群眾魅力而崛起的人，說不定有一天會毀在群眾的好奇心理之下。

記得有個明星曾經抱怨：「現在的八卦媒體眞是奇怪，還沒交往呢，就成天被追問到底有沒有在拍拖；結了婚呢，又成天追問什麼時候會離婚！」

唉！何必奇怪呢？人本來就對稀鬆平常的事沒什麼興趣，總是得有些什麼不一樣才能引起大衆好奇。專營人類好奇心的八卦業者，自然很明白這個道理，所以只要有「公衆人物」一天，「狗仔隊」就不可能失去蹤影。

從這個角度來看，公衆人物因爲受不了別人爲他包裝的形象，在大紅特紅之後突然告訴大衆他想「做自己」了，不願再配合任何的假裝與作戲，卻又在發現自己完全被群衆遺棄時指責群衆沒有水準；或者因爲被「狗仔隊」揭露了「不爲人知」的一面，惱羞成怒地斥責公衆人物也應該保有自己的私生活。這些行爲不是很可笑嗎？

坦白說，市井小民的私生活是不會有人想知道的。

英國有句俗諺這麼說：「既想要討眾人歡喜，又要使自己歡喜，這是做不到的。」身爲「公衆人物」應該有這層體悟才行。

因爲，既然你要利用大衆的喜好營利，那麼你就應該要負責維持大衆想要的形象，忍受大衆對你的好奇，這應該算是一種義務。

美國總統傑弗遜曾經提醒我們說：「當一個人受到公眾信任時，他就應該把

自己看作公眾的財產。」

要知道，人一向是以高標準看人、低標準看自己，既成了公眾人物，那麼自然得接受大眾高標準的檢驗。如果，你要假裝，那就得咬緊牙假裝到底，否則就要有承受數百倍苛責的心理準備；如果，你眞的再也假裝不了，無法忽視自己的感覺，那麼最好的方法，大概就是悄悄地離開吧。

這個世界有一個眞理：有付出不一定會獲得，但想獲得，你非得付出不可，儘管你並無法預期該付出的會是什麼。

心境決定你的處境

忘記過去的錯誤，一切從頭開始，今天就是你破繭而出，獲得全新機遇的日子。

——美國作家馬爾茲

見樹也要見林，才能透徹研究

認清自身的狀況，將學到的理論在自己的周遭印證，進而發揮與應用，如此才能將知識內化成自己所有。

哲學家尼采在《快樂的科學》裡提到了人類的盲點，他說：「我們熟悉的事物就是我們習慣的事物；我們習慣的事物，就是那些最難了解的事物。所謂『了解』，就是指當做問題來認識，當作陌生的、隱約的、『我們之外』的事物來認識。」

尼采的說法告訴我們，越是習以爲常的事物，研究起來就益發困難，並非這些事情不值得研究，而是我們因爲過於熟悉，所以看不見問題所在。

南宋詩人辛棄疾曾經寫下名句：「眾裡尋他千百度，驀然回首，那人卻在燈火闌珊處。」

如果不是貪看煙花炫目，而無形中自動將燈火下的影子忽略，又何必多花那麼多時間尋他千百度呢？

可是，人就是如此，不是嗎？

往往近在眼前的反而失焦看不清楚，一旦走了遠些才能看得仔細明白；時間耽擱得久了，或許再回頭已百年身了也說不定。

從這個角度來說，人生最重要的是深入瞭解自己，自己所擁有的究竟是什麼？分析自己目前所汲汲追求的究竟是不是自己俯拾可得，從足下出發勝過好高鶩遠許多。

德國教育家第斯多輝在《德國教師教育指南》裡提醒說：「在學習基本知識的時候不要急躁。」

俄國科學家巴夫洛夫也說：「在你們想要攀登到科學頂峰之前，首先應當研究科學的初步知識。」

這是因爲很多基本理論都是日後應用的重要基礎，如果現在輕忽略過，以後一定容易陷入困頓的泥淖，難以自拔。

所以，要能認清自身的狀況，缺乏了什麼，需求又是什麼，而後針對所需循序漸進地去學習，將學到的理論在自己的周遭印證，進而發揮與應用，如此才能將知識內化成自己所有。

心境決定你的處境

我們都是脆弱的人，失敗和他人的行為往往容易傷害我們，但是，不論如何，你還是要認真地過每一天。

——美國作家馬爾茲

別讓怒氣控制自己的情緒

有誰會喜歡一個天天癟嘴、眉頭緊皺的人呢？器量不大的人也能成為可愛的人，只要你找出了自己專屬的「洩氣」管道。

每個人都有過生氣的經驗，因爲生氣太容易了，只要心中有了委屈、憤恨，不愉快的情緒很快就會衝上大腦，忍不住想動氣。

可是，有氣可不一定就能隨處亂發，還得看時間、地點、場合，否則，自己的氣消了，卻引起別人的怨懟，非但氣氛弄僵了，還可能惹出一堆烏煙瘴氣的是是非非。

但話又說回來，若一個勁地把怒氣往肚裡吞，表面上還得裝出一副若無其事

的模樣，那可就需要極高的修養，不然，一不小心沒控制好，就可能會被彼此積壓已久的怒氣炸得屍骨無存。

沒錯，生氣的時候，因爲心裡的怒氣控制了自己的心神，特別容易做出衝動且日後會後悔莫及的蠢事，也容易落入別人的激將陷阱。

若是沒有適當的發洩管道可以事先消消氣，那麼心裡的氣，就像是氣球裡的空氣，因爲無處可漏，於是撐大了氣球，而且越撐越大，最後超出氣球所能負荷的限度，只好「碰」的一聲，徹底地爆發開來。

美國總統林肯發洩怒氣的方法是，把心裡的怒氣全部寫了下來，任何不滿、不愉快，全部透過筆尖，一一發洩出來，然後一把火燒得灰飛煙滅。

當你能將自己生氣的原因，以及對對方的種種不滿全部轉換成文字，無形中也讓自己有了喘息、冷靜的空間，也才能重新以不同的角度去思考問題的癥結所在。氣頭過了，才能靜下心來想想對方爲什麼會有這樣的舉止，進而想出適當的解決方法，才能保持人際關係的和諧。

所以，尋找適合自己的專屬洩氣管道，讓自己能盡快地冷靜下來，是極爲重要的事，特別是本來就器量狹小的人。

因爲，器量不大的人，很容易被小事撩撥，正如同氣球的容量比較小，能夠忍受的氣也就少，動不動就容易發怒，「怒」形於色自然容易得罪人，人緣自然差。

試想，又有誰會喜歡一個天天癟嘴、眉頭緊皺的人呢？器量不大的人也能成爲可愛的人，只要你找出了自己專屬的「洩氣」管道。

心境決定你的處境

人生在世絕不能事事如意，遇見了什麼失望的事，你也不用灰心喪氣，你應當下定決心，想法子爭回這口氣才對。

——美國作家馬克吐溫

堅持是通往成功的道路

遭遇到困阻，如果不思突破之道，只是意圖退縮，最後終究會落得失敗的下場。相反的，倘若能貫徹一心，終有水到渠成的機會。

記得有人這麼說過：「在大多數的情況下，你之所以沒有獲得某些東西，是因為你沒有去追求那些東西。」

換言之，只要你眞的有心追求，沒有到不了手的東西。

既然有所求，就要有方法，更要有策略，同時還要有耐心。

莎士比亞這麼說過：「不應當急於求成，應當去熟悉自己的研究對象，鍥而不捨，時間終會成全一切。」

就像下棋一樣，在初盤就得佈好全局，才有贏面。事情想要成功，就不能冒冒失失、隨隨便便，唯有經過詳加觀察、仔細規劃、明確執行，並且堅持到底，才能順利收得成果。

美國總統尼克森認爲：「勝利的道路是迂迴曲折的。像山間小徑一樣，這條路有時先折回來，然後伸向前去，走這條路的人需要耐心和毅力。累了就歇在路邊的人，是不會得到勝利的。」

在成功來臨之前，可能看不到光亮，可能感受到壓力，可能遇上了困難，但如果在這一步就放棄，那我們永遠到不了成功的那一步。

《尚書》裡有句話說：「為山九仞，功虧一簣。」意思就是說，如果築山的人沒有堅持到底，就算只差一筐土，那座九仞之山也還是沒有完成。

處事難免偶爾會遭遇到困阻，如果不思突破之道，只是意圖退縮，最後終究會落得失敗的下場。

相反的，倘若能貫徹一心，踩穩了腳步，一點一點向前推進，滴水穿石，終有水到渠成的機會。

莎士比亞曾經說過：「疑惑足以敗事，一個人往往因為遇事畏縮的緣故，導致失去成功的機會。」

成功的方法或許有千百種，但是，成功的心態卻永遠只有一種，那就是要堅持到底。

堅持是通往成功的道路，多堅持一秒，就多了一分成功的機會。

心境決定你的處境

生活所為我們提供際遇，都可以看作是全新的起點，如此一來，它們就不會是終點。

——法國作家紀德

找出自己的另一種價值

你要做的，並非揚棄他原本的生活方式，只是更加專心致力於自己的興趣當中，從中尋覓出自己人生中的另一種價值。

許多激勵大師都強調：「自己愛做的工作才是最好工作」，也就是說，能以自己的興趣爲工作，才是最幸福的。

然而，也有人說，一旦你將興趣當成了謀生工具，興趣之中的樂趣將會完全被消磨殆盡。

那麼，或許最好的方法，就是從兩者之中取得平衡，說不定能意外地獲得料想不到的收穫。

在工作之餘，你會選擇什麼樣的方式來消磨時間？是一票酒肉朋友爲了消除生活與工作帶來的壓力，從小酌一杯到夜夜喝得醉生夢死？還是天天唱ＫＴＶ，狂歌到天明？

這樣的休閒模式或許在極度的歡樂之後，所遺留下來的，反而是更多的疲勞與極度的空虛和落寞感。

有些人則利用休閒之餘，培養自己的興趣，在持續努力不懈之下，開發出自己的第二專長，在正職之外，走出了一片全新的天空。

所以，面對乏味的工作環境，無須因此而灰心喪志，認爲自己永遠沒有出頭的一天。因爲，工作環境只能綁住你一段固定的時間，只要能在工作時間內將自己的本分完成，其餘的時間便全部都掌握在自己手中，要如何運用，當然也全看自己的安排。

有時候，只要我們稍微改變一下自己，善用自己的時間，積極活在當下，就可以輕易地充實自己。

如此一來，既不須煩惱沒有辦法維持自己的生活，又可以持續自己的興趣，或許長久下來，也能走出生命的另一番遠景。

你要做的，並非揚棄他原本的生活方式，只是更加專心致力於自己的興趣當中，從中尋覓出自己人生中的另一種價值。

心境決定你的處境

生活是運動不息的，不管你喜不喜歡，你都必須與它並駕齊驅，因為你無法再活一遍，也無法生活在昨天。

——美國作家馬爾茲

要當猛虎，不要當驢子

虛張聲勢，過度膨脹，有心人一試就知有無。如果沒有本事，也沒有警覺性，危險當頭還視而不見，一味逞能，那恐怕很難全身而退。

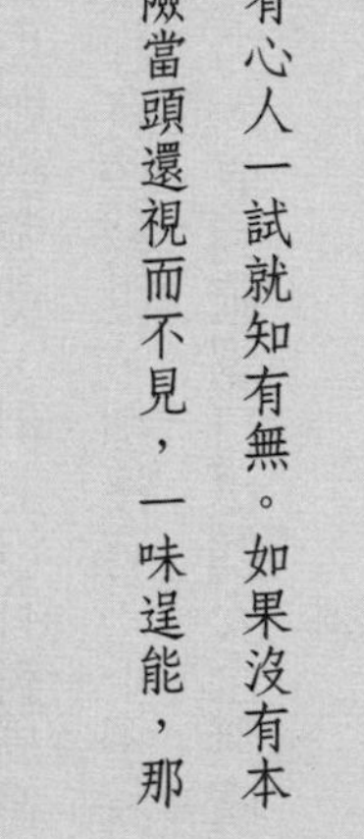

人本來就不可能十全十美，世界上也沒有眞正通才通識的人，但是我們卻沒有必要自曝其短，徒然消減別人對我們的信心。

懂得掩飾缺點，突顯優點，是聰明人的智慧，也是改變自己處境的方式。只不過，光是掩飾而不努力修飾，甚至進一步充實知識，一旦掩飾的粉妝脫落，可就眞的騙不了人了。

唐代的大文學家柳宗元寫過一則「黔驢技窮」的寓言故事，說明了如果沒有眞正的本事，一旦用完了有限的幾個花招，再也沒有別的辦法，那就只能坐著等死了。

其實，回過頭來看看人與人之間的相處，又何嘗不似如此？

有時候，初到一個環境，別人尚摸不清你的實力，通常會像老虎遇上毛驢一般，先保持距離冷眼旁觀；等彼此接觸一多，加上有心無意的試探、挑釁，你的表現就完全地顯露出你的本事了。

從應對過程中，我們可以看出兩種截然不同的處事態度；有時你會是猛虎，有時你只是毛驢。然而，也正因爲每個人的特質與專長都不同，所以我們既不可驕傲自恃，也不能輕忽他人。

「黔驢技窮」故事裡的猛虎雖然強勢，但並沒有對周遭環境輕忽。當牠不了解虛實的毛驢出現，剛開始或許有些緊張，卻沒有一下子就慌了手腳，反倒是小心觀察、不停地試探，保存實力，直到確認自己的安全無虞，甚至佔了優勢才現出眞面目。

或許，這也就是猛虎之所以是猛虎，毛驢始終只是毛驢，誰強誰弱是一開始

就註定好的。

義大利思想家萊奧帕爾迪在《思想錄》中留下這樣一句話：「要對別人隱瞞我們所知的侷限，最可靠的方法，就是不要越過界限。」

這番話提醒我們，如果沒有萬全的準備，就貿然進入自己無知的領域，這是相當危險的。

如果你並非猛虎，只是毛驢，那麼還是耐著性子，別急著動怒，多充實自己的實力，多觀察周遭的局勢，否則只知以拙劣的伎倆虛張聲勢，過度膨脹，有心人一試就知有無。

如果沒有本事，也沒有警覺性，危險當頭還視而不見，一味逞能，那恐怕很難全身而退。

要當老虎，不要當驢子。我們當然可以掩飾我們的弱點，才不會一開始就矮人一截，但是這樣的行爲只是以時間換取空間，如果不能趁著這段蜜月期仔細觀察周遭環境，確實檢討出自己的弱點和極需加強的地方，暗中積極學習改善，等到時間一久，各種問題和狀況交相出現，沒本事處理，再怎麼完美的掩飾也都會失效。

謙虛和虛假看起來差別很大，但是，兩者其實只有一線之隔，這條界線的名字就叫做「實力」。

心境決定你的處境

一個人不論幹什麼事，如果失掉正確的態度、恰當的時機，就會前功盡棄。

——柏拉圖

嫉妒是破壞關係的殺手

情誼是需要灌溉與經營的，彼此互敬互諒，才能長長久久；
這麼難得的關係，為什麼要讓嫉妒給輕易破壞了呢？

英國作家法蘭西斯．培根在《人生論》一書中談到嫉妒，他說：「人可以允許一個陌生人的發跡，卻絕不能原諒一個身邊人的上升。」

對於這句話感觸最深的，恐怕就是三國時代的魏文帝曹丕了。

歷史上記載，曹丕繼承父親的遺志奪取了漢朝江山，在三國鼎立的時代裡獨霸一方。曹丕並非不能接受良才，否則魏國也不可能有辦法和吳、蜀兩國分庭抗禮，而他自己也堪稱是文學武功皆盛的帝王，但是他一生裡卻有一個令他最爲畏懼與介意的人，就是他的親生兄弟——曹植。

爲了完全擺脫曹植對他的威脅，他可說是不用其極。兩人出於同宗，原本應該相互扶持，共創天下，但最後卻落得兄弟相爭的局面。

利益衝突，即使是親兄弟也在所難免。然而，嫉妒是破壞人際關係的殺手，曹丕排擠親弟弟是爲了消除自己心頭的陰影，但換個角度來看，他不也錯失了一位才華洋溢的得力助手？

本來，說不定靠著兄弟兩人的智謀才幹，彼此相輔相成，終可以徹底發揚魏朝榮景，但結局卻被下屬司馬氏所篡，國祚極短，這恐怕時曹丕所料想不到的吧！

俄國作家果戈里說：「在任何人身上都有其他人所沒有的某種東西；在任何人身上並不是每一條神經都比別人靈敏，而只有友誼的交往和相互的幫助，才會使所有人都能鮮明地、多方面地看清所有的對象。」

果戈里的這段話，強調了友誼互信的重要，失去了朋友和友誼，人生路難免窒礙難行。

情誼是需要灌溉與經營的，彼此互敬互諒，才能長長久久；這麼難得的關係，

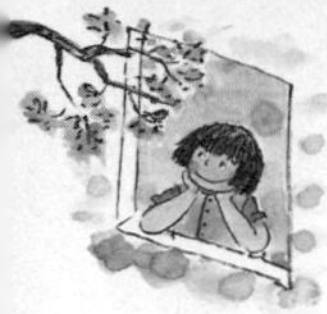

爲什麼要讓嫉妒給輕易破壞了呢？

何不付出信任、彼此相助，讓你嫉妒的人也成爲我們最忠實的朋友，一起在人生旅途上相伴扶持？

心境決定你的處境

世事本來就是起伏的波浪，人們只要能夠趁著高潮，一直往前走，就一定可以有所成就。

——莎士比亞

PART 6

機運必須自己去耕耘

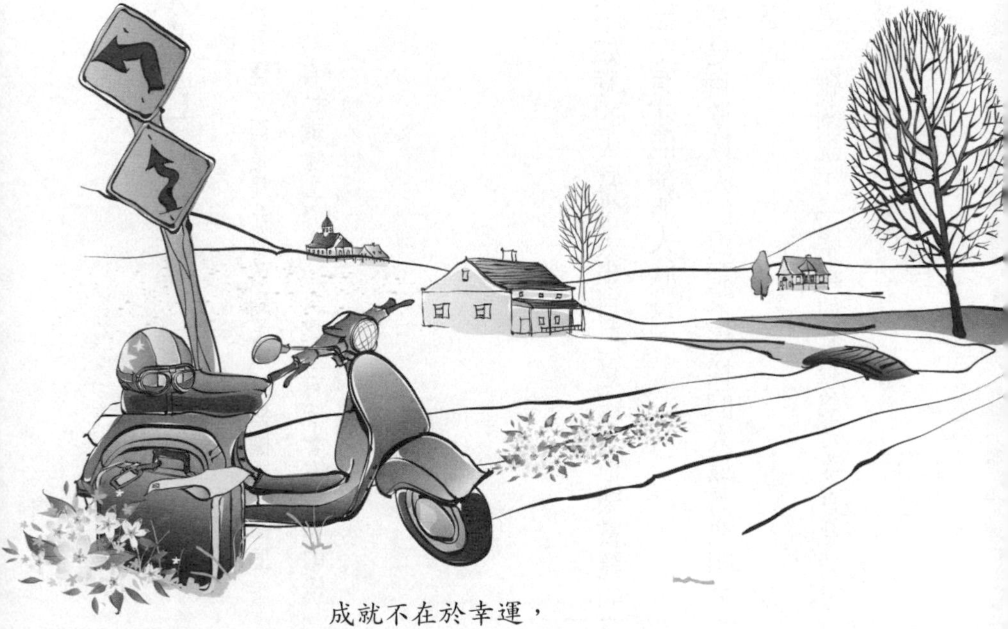

成就不在於幸運，
而是提升自己到足以抓握機運的高度。
如果自己不給自己機會去努力，
那麼永遠不可能會有成功的機會。

機運必須自己去耕耘

成就不在於幸運，而是提升自己到足以抓握機運的高度。如果自己不給自己機會去努力，永遠不可能會有成功的機會。

有許多工作不如意的人常常大嘆自己是沒有伯樂賞識的良駒，也有很多到處碰壁的人認爲自己空有才能卻無人欣賞。

其實，這些都是自欺欺人的說詞。這樣的人最需要明白的一件事就是——機會是不會憑空降臨的。

法國作家羅曼．羅蘭說：「幸運的背後總是靠自身的努力在支持著。一旦自己鬆懈下來，幸運也就跟著溜走了。」

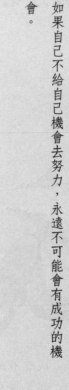

英國哲學家培根則說：「意外的幸運會使人冒失、狂妄，然而經過磨練的幸運卻使人成為偉大。」

有時候，機會的到來或許會讓人誤解爲是一種幸運，但是如果不曾事先耕耘醞釀，機會上門時，我們又怎麼辨別得出哪是一個機會呢？

戰國時代的縱橫家蘇秦的際遇就是最好的例子。他能夠官拜六國宰相，或許是他的時運，但是，如果他不曾徹底痛下苦心致力充實自己，縱使時局有了這個機會，恐怕他也不見得能把握得住。能有這樣的結果，或許得歸功於他年輕時的受挫經驗。

他的成就不在於他幸運，而是他終於提升自己到足以抓握機運的高度。雖然他感嘆世人前倨後恭的虛僞，但卻很明白如果自己不給自己機會去努力，那麼永遠不可能會有成功的機會。也因爲有過那樣傷痛的過往經驗，才能讓他痛定思痛徹底改變自己。

沒有人能永遠成功，當然，也沒有人會永遠失敗。陷入低潮的時候，心情肯定落到了谷底，這時唯有改變心境，才能改變自己的處境。

所謂「人窮志短」，意思就是說人在貧困的時候，有再大的志向也不得不先向環境妥協。如果沒有足夠的毅力與耐力，咬著牙渡過這個難關，想要成功無疑難上加難，因爲光是要應付生活上的問題，就足以將所有的豪情壯志漸漸消磨殆盡。

心境決定你的處境

青春的特徵是年輕活躍，有著激流般的熱情，和無邊無際的夢想，像白雪一樣純潔。

——英國詩人艾略特

散發自信的光彩就會人人喜愛

何不讓自己成為光芒四射的太陽？不要做只能反射日光的月亮，更不要只成為一株空隨日轉的向日葵，生命不論悲喜，自己都當是主人。

愛美是人的本性，卻害苦了古今中外的無數女性。

日前聽到有人爲了讓身材變得高20，竟然不惜將腿骨鋸斷，打上螺絲鋼釘讓骨頭拉長，這種整形也未免太過火了吧！

這種不惜傷害身體所帶來的美，眞的值得嗎？

看看自然界，各種動物大都是以雄性較爲突出有特色，有的擁有美麗鮮豔的羽毛，有的具有動人的歌聲，然而爲了求偶，這些雄性動物莫不使出渾身解數，博得雌性動物的青睞。只有人類最是奇怪，女孩子如果沒有美貌，情路肯定坎坷，即使天生貌美也可能落得紅顏薄命，這或許就是女人把自己看得太輕，卻把男人看得太重的原因使然吧！

如果女孩子打扮只是爲了取悅他人，那麼所得到的快樂相信也一定是短暫的，因爲只要有一點點委屈或自我犧牲的感受，這些快樂就會被消磨殆盡，只餘下悔恨與痛苦。

歷史上以色事人的悲劇，多得不堪勝數，例如曹丕的妃子甄宓，以善梳「靈蛇髻」且容貌美麗而聞名，然而再怎麼樣的巧手與精心裝扮，當她年老色衰時，終究逃不過失寵身亡的命運。

自古有云：「以色事人者，色衰而愛弛。」以美色得到恩寵，待年老色衰之時，便很難再保持原來的地位。

人都是如此，面對心儀的對象，自然希望自己的裝扮衣著，讓對方覺得好看，可是兩人的相處，除了外貌之外，更重要的是彼此的心意。

外在的美，終究會衰老，內在的美卻能歷久彌新，只有眞心地彼此相待，爲

對方設想，雙方的情感才能長久。

希臘哲學家蘇格拉底說：「不要靠餽贈來獲得一個朋友。你必須展示真摯的情感，學習怎樣以正當的方法來贏得一個人的心。」

男女互動也是如此，如果我們渴求的是一份眞心，那麼就不該只在外表上做文章，如果自己不看重自己，別人自然也是會瞧輕了你。

多愛自己一點，自己將會變得更可愛；可愛的你，散發出自信的光彩，別人又怎麼會不喜愛你、想親近你呢？

何不讓自己成爲光芒四射的太陽？不要做只能反射日光的月亮，更不要只成爲一株空隨日轉的向日葵，生命不論悲喜，自己都當是主人。

心境決定你的處境

我們應該在自己的心裡激起美好的理想，這種理想將成為我們的指路明燈，成為召喚我們前進的火光。

——法國文學家福樓拜

保持理智，就不會冒冒失失

不受外在環境影響而在準備不足的狀況下倉皇出擊，也是一種智慧。保持冷靜，判斷出最好的局勢與策略，才能讓事情快速而又正確地完成。

作家印埃斯曾說：「事情的成敗，是由心境造就的，在不同的心境之下，有人功成名就，有人卻一敗塗地。」

在這個凡事都講求績效的年代，成功通常是因爲行事冷靜，找到解決問題的最佳途徑；至於失敗，通常是爲了效率而失去理智，做事冒冒失失。

做事講求績效，意思就是要「快又有效率」，這句話的重點在於效率，能夠做得快固然很好，但最重要的還是要能做得好。

做事急就章，匆匆忙忙、隨隨便便，草草完成的東西如果沒有好品質，最後不得不重新來過，那還不如多花點時間一次處理完成來得恰當。

這樣的想法相信每個人都有，相信每個人也都懂，不過，別忘了，事情沒有絕對，處理事情絕非只有一種方法，要懂得因時制宜，有時候反其道而行，當時間不夠的時候，不妨利用擴大空間的方式來爭取應變的時間。

總之，是你決定怎麼做，而不是外在環境逼著你不得不如此做。只要保持理智，做事就不會冒冒失失。

英國政治家狄斯雷里曾經這麼說：「行動不受感情支配的人，才是真正的偉大。」

懂得忍耐，不受外在環境影響而在準備不足的狀況下倉皇出擊，也是一種智慧。做事不拖延、掌握時效當然是正確的，但是，如果光爲了追求時效而失去準則，冒失行動，就顯得不智。

英國有一句格言說：「理智一旦被衝動淹沒，行動的列車就會出軌。」

因此，當你在處理事情之前，必須先保持理智，做事才不會冒冒失失。

只有冷靜的人，方能找到解決問題的最佳途徑，讓原本棘手的事情，在轉念之間變得簡單。

不論做什麼事，都要保持冷靜，判斷出最好的局勢與策略，才能讓事情快速而又正確地完成。

心境決定你的處境

希望和耐心是每一個人的救命藥，災難臨頭時，它們是最可靠的依賴，最柔軟的椅墊。

——英國心理學家伯頓

讓步，也是一種藝術

先表現得以對方利益為重，實際上自己才是真正得利者，這需要相當高明的技巧；處理得好，是聰明人，但處理得不好可就會變成愚人了。

好惡的影響力是非常強大，我們對於自己喜愛的人、崇拜的人、尊敬的人提出的要求，必定特別難以抗拒；反之，對於我們討厭的人、憎恨的人、鄙視的人、反對的人，態度則會特別嚴苛。

從這點我們就能充分了解，爲什麼我們總是無法拒絕那些讓自己看起來比較順眼的推銷員，也會忍不住拿糖果輕哄連哭鬧都看起來很可愛的小孩。

討好，是爲了達到某種目的，讓步則是爲了側過身再繼續前進。所以，當我

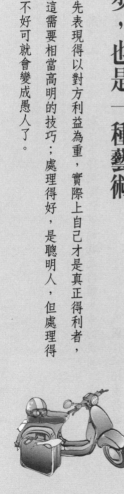

們有求於人的時候，就會想辦法討好與讓步，期望對方對我們產生好感，進而答應我們的要求。這就是人性，誰也難以規避。即使是那自詡清流的人物，也免不了做出逢迎拍馬的行爲，只是格調看起來高了一點罷了，本質上還是一樣的。

現實生活中只會唱反調，不懂讓步與討好的人，多半沒什麼好下場，自己說得嘴破、累得要命，別人卻聽不進去、氣得要死。

有一句話這麼說：「以退讓開始，以勝利告終。」先表現得以對方利益爲重，實際上自己才是眞正得利者，這需要相當高明的技巧；處理得好，是聰明人，但處理得不好可就會變成愚人了。

想使用這個方法的人，可得小心謹愼，以不顯露自己的意圖爲上策。

心境決定你的處境

所謂人生，是一刻也不停地變化著的就是肉體生命的衰弱，與靈魂生活的擴大。

——俄國作家托爾斯泰

能力與才氣要用在對的地方

欺騙，是一種惡劣的行徑；別人與你交易往來，是基於彼此的信任，若是濫用別人的需求，進行惡意的詐騙，那可真是可惡至極。

幽默大師林語堂先生相當推崇的清代詩人張潮，在《幽夢影》裡曾經留下這樣一段話：「花不可無蝶，山不可無泉，石不可無苔，水不可無藻，喬木不可無藤蘿，人不可無癖。」

這段話意在強調培養某些興趣的重要。

林語堂也認爲，如果一個人沒有任何興趣、癖好來舒緩自己的心靈，而光是勞勞碌碌地過完一生，豈不是太悲哀了嗎？

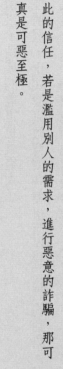

然而，興趣嗜好雖然重要，要是走火入魔、迷失自我而處心積慮「奪人所好」，可就不是件好事了。

要是白白浪費了自己的天分與才氣，而在品格有了瑕疵，別人對於你的能力也相對地打了折扣。

法國作家羅曼．羅蘭說：「沒有偉大的品格，就沒有偉大的人，甚至也沒有偉大的藝術家、偉大的行動者。」

心之所欲不能得時，難免會讓人覺得沮喪，終日飽受誘惑折磨，更是一種難忍的痛苦。如果是個愚人，不知自己有什麼其他的方法可以獲得時，可能也做不出什麼壞事；但如果是個有能力的人，說不定就會利用他的才智與技能做出不正當的事情來，造成的危害也就更大了。

這種情況，正如捷克教育家夸美紐斯提醒我們的話語：「正如田地愈肥沃，蒺藜愈茂盛一樣，一個絕頂聰明的心裡如果不去布下智慧與德行的種子，它便會充滿著幻異的觀念。」

人生最重要的事是讓精神世界獲得滿足與發展，要是永無歇止的慾望讓我們

的索求越來越多，我們的心靈就會塡滿許多無謂的需求。

因爲必須追求更多，我們只能顧慮到自己，因爲難以塡滿胸壑的慾念，我們便會任由焦躁的慾望牽著自己的鼻子走。

所以，愈是聰慧的人，愈要小心導引自己走上正途。

心境決定你的處境

不要害怕生活，堅信自己的生活是值得去生活的，那麼，你的信念就會有助於創造這個事實。

——美國心理學家詹姆斯

小心翼翼，才能降低失敗的機率

唯有小心翼翼，才能降低失敗的機率；唯有再接再厲，才能掌握更多成功的契機。

沒有人能夠保證自己一直成功，從不失敗。

假如這個社會是個競技場，那麼，我們每個人都是場上的運動員。運動員每一次的對手都不同，每次比賽的體能狀況也不同，就算是「常勝將軍」也難保不會吞下敗績。

以棒球爲例，再優秀的投手，都有被打爆的時候；再優秀的打擊者，也難逃關鍵時刻被三振的命運。

然而，若想要讓自己成功的機率高些，失敗的機率少些，還是有兩個方法。一個是努力鏟除障礙，一個是小心避開災禍。

冠軍的寶座只有一個，坐上去的人自然得想盡各種辦法才能繼續穩坐在上面，只是江山代有才人出，長江後浪推前浪，日後必定會有更多的後起者前來挑戰，要如何維持自己的水準與聲名，才是最困難的事。只要一次技不如人，就得讓出寶座，這聽來或許很殘忍，卻也非常現實。

千萬要記住，你面對競爭的態度，會影響你的一生。

唯有小心翼翼，才能降低失敗的機率；唯有再接再厲，才能掌握更多成功的契機。

心境決定你的處境

所謂青春就是心理的年輕。只要充滿信念和希望，拿出勇氣，每天繼續做新的活動，青春就屬於這個人。

——法國藝術家羅丹

唯有鍥而不捨才能有所獲得

堅持到底，目標終會到達，夢想終會實現；想要高飛遠颺，唯一的方法，就是發動引擎，不斷加油。

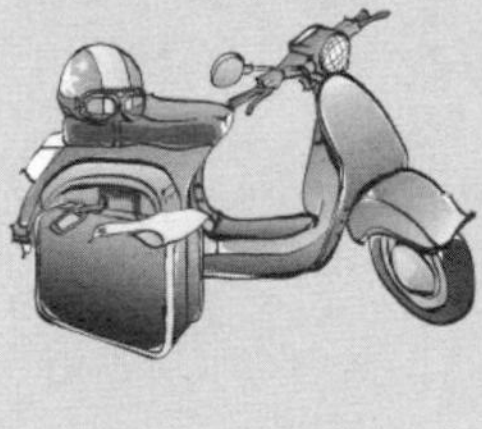

莎士比亞說過：「千萬人的失敗，都是失敗在做事不徹底；往往做到離成功尚差一步，就終止不做了。」

想要成功，當然要懂得方法與手段，然而，在諸多手段與方法之中，最重要的一種，就是恆心。

人，只要能用「鍥而不捨」的精神奮鬥，就一定能取得成功。

中國著名的思想家荀子曾經寫過一篇名爲〈勸學〉的文章，其中他就以鏤刻金石來比喻學習要持之以恆、堅持不懈的重要性。荀子強調，如果刻了一刀就停下手，那就算是爛木頭也一樣刻不斷，但是如果一刀又一刀不停地刻下去，那麼就算是硬如金石，也照樣刻得穿。

荀子說：「不積跬步，無以至千里；不積小流，無以成江海」，意思是沒有一步一步地走，不會到千里之遠；不是一條一條小河的水匯合起來，不會成爲江海。它用來比喻學習是一個由少到多、日積月累的過程；高深的學問和淵博的知識，也是一點一滴積累起來的。

讀書一定要努力不懈，不斷將從前所學與新求的理論加以融會貫通，才能將學問眞正深入瞭解，如果半途而廢，原先的努力因此而中斷，下一次想再學習時又得從頭學起，豈不是白白浪費了時間嗎？

滴水穿石，繩鋸木斷，若眞能鍥而不捨，持之以恆，再難的事又有什麼做不到的呢？反之，得過且過、因循苟且，最終不免功虧一簣，前功盡棄。

美國詩人愛默生寫過這樣的句子：「如果我們在心中有個目標，就像是提出一個飛行計劃，並從直線的路線穩定地朝前方飛去。如果我們能夠堅持穩定的心態朝向目的地前進，即使有亂流來襲，我們也可以飛得更高或平穩地穿越它。」

堅持到底，目標終會到達，夢想終會實現；想要高飛遠颺，唯一的方法，就是發動引擎，不斷加油。

涓滴細流終究能匯聚成海，凡事只要有心去做、能持之以恆，即使遇上再大的困難，終究有成功的一日。

心境決定你的處境

在現實生活中，大事與小事，可笑的事與痛苦的事，組合成一首奇妙無比的旋律。

——美國作家摩里斯

先要求自己，再要求別人

要求的話語是如此容易說出口，只是，我們是否暗自反省過，對於那一長串要求清單裡的項目，我們自己能夠做到多少。

武俠小說奇才古龍最崇尚「返璞歸眞」的哲理，在他的書裡處處可見如此意味的文句，諸如《彩環曲》裡說：「許多至高至深的道理，都是含蘊在一些極其簡單的思想中。」《失魂引》裡說：「越容易的事越難被人發現，越簡單的道理就越發令人想不通。」《邊城刀聲》中說：「世界上有很多看來很複雜玄妙的事，答案往往都很簡單。」

相同的道理，理想看起來很遙遠，可是從周遭最容易得到的部分著手，就是一種趨近理想的行動。

凡事從頭做起，從基本做起，我們將會發現事情的本質，其實很單純，也很簡單。

仔細想想，人生不就是如此嗎？許多難事之所以難，就是因爲有了慾望的迷障，一旦剝除了那些枝枝節節，問題就很清楚地呈現了出來。

很多時候，我們並不是不知道該怎麼去做，而是不確定自己是不是眞的想那麼做。

美國科學家愛迪生也曾經說過這麼一段很有意思的話：「每個人都會開列出一張長長的清單，要求他的朋友應具備哪些美德與良好的品格，但卻很少有人願意照著自己的清單去培養自己的品德。」

人就是這樣，總是很容易去要求別人，動不動就開出一大串的條件，希望別人遵守，例如：「你不該遲到」、「你不能對我說謊」、「你要愛我」、「你要尊重我」……

要求的話語是如此容易說出口，只是，我們是否暗自反省過，對於那一長串要求清單裡的項目，我們自己能夠做到多少？

下一次，在開口要求別人之前，不妨先試著要求自己。或許，最後我們會發現律己之後更能容人，因爲當我們明白要成爲一個完美的人有多麼不容易，我們也就更能容忍別人的不完美。

心境決定你的處境

人是生命鏈索中的一環，生命的鏈索是無窮無盡的，它通過人，從遙遠的過去伸向渺茫的未來。

——俄國教育家柯羅連科

PART 7

改變想法，就能改變你的看法

唯有願意放開一切既定的成見與包袱，
真正去了解別人的長處與優點，
才能得到誠摯的情誼，
也才能跳脫原本的罣礙。

改變想法，就能改變你的看法

唯有願意放開一切既定的成見與包袱，真正去了解別人的長處與優點，才能得到誠摯的情誼，也才能跳脫原本的罣礙。

塞涅卡說過：「重要的不是你活了多久，而是你活得是否自在？」

只要是人，都希望在自己的生活中有一個不容許任何人鑽進來的自在角落，然而，想要達到這個目標，就在於你的內心是否擁有一個不受任何拘束的心靈空間。

當一個人剛剛投入一個新環境，對於各個方面都需要重新適應，諸如語言、生活方式、甚至風俗民情……等等，然而，其中最重要的，應該還是本身心態上

的調整。

待人處事的態度總是取決於一念之間，一旦產生悲觀的想法，往往注定了悲觀的結果，只會使得自己沉浸在鬱鬱寡歡的境地，無形中喪失了前進的動力，忍不住就想退縮。

但是，若能轉念一想，以不同的角度出發，說不定反而能尋覓到另外一片不同的風景。

你眼中看到的，是一地亂糟糟的稀泥，還是滿天閃爍的星斗？

歌德曾經寫道：「人生最大的快樂，並不在於最後佔有什麼，而在於追求什麼的過程。」

其實，眞正的自在生活，並不是什麼也不做，而是能夠不在乎結果，依照自己的意志去做對生命有意義的事情，因爲，只有能夠把生命的過程和結果聯接起來的人，才是最幸福、最自在的人。

想要生活過得自在，必須先敞開眞心，去接納他人。唯有願意放開一切既定的成見與包袱，眞正去了解別人的長處與優點，才能得到誠摯的情誼，也才能跳脫原本的罣礙。

以尋覓星光的態度出發吧！至於滿地無謂的爛泥，不如就踩在腳底，拋在身後吧！

心境決定你的處境

最明亮的歡樂火焰大概是由意外的火花點燃的。人生道路上不時散發出芳香的花朵，也是從偶然落下的種子自然生長起來的。

——英國作家約翰遜

第一印象就是征服的力量

第一印象就是征服的力量，想要成功打入某一個團體，首先就要懂得投其所好，運用得當的話，在第一印象上就佔了先機。

想要有所成就，必須要先有機會做些出色的事；要先有機會做事，才有機會把事情做好。

所以，想要在這個社會上佔有一席之地，第一件事就是要先樹立好自己良好的外在形象，這個外在形象並不單單指一個人的衣著打扮，而是包含了行事的氣勢、態度……等等的總體形象。

藉由這個形象，就可以確定你是不是能夠得到比別人更多的機會，是不是能夠得到別人更多的信任。

成功地爲自己樹立了良好的第一印象，就意謂著透過待人處世，在成功之路的起點，安置了一塊墊腳石。

「敬人先敬羅衣」這句話在高級百貨公司的專櫃小姐身上，印證得最爲徹底。彷彿只有打扮得像是上流社會人士的顧客，才能得到服務人員不一樣的對待；彷彿只有小費給得大方，才能看見服務人員的可掬笑臉。

當然，我們可以說這些人勢利，但是我們可曾想過，其實我們不也會對外表姣好、服裝儀容打扮得體的人另眼相待？

總之，「以貌取人」就是一種人之常情。

第一印象就是征服的力量，想要成功打入某一個團體，首先就要懂得投其所好，運用得當的話，在第一印象上就佔了先機。

只是，裝飾了表面之後，千萬別忘了要充實裡子，就像美國總統喬治．華盛頓所說的：「對於一個明智和懂事的人而言，衣著的第一要求應永遠是得體和整潔。適當地注意服飾是必要的，但這並不是說，如果一個人已經有了兩三件很好

的衣服，只要流行的式樣稍有變化，就要做一件新上衣或其他衣服。一個熱衷於帶頭講時髦，或緊趕時髦的人，在明智的人看來，他除了經常更換衣服以外，就再沒有更好的東西能引起人們對他的注意了。」

形象必須和內在相得益彰，否則偽裝不幸遭人識破的時候，那麼就和赤身裸體沒什麼兩樣，丟臉可就丟大了。

心境決定你的處境

生活之所以美好，是因為我們永遠有一顆年輕善良的心，在我們的生命裡成長、開花。

——俄國作家高爾基

以平常心看待福禍

不管是好兆頭或是壞兆頭，在解讀之時都不要膨脹過頭，也不要隨之起舞，生活也就會變得單純快樂多了。

「衰」是一種感覺，有的時候倒楣的事連環出現，彷彿什麼事都不順利、不圓滿，不禁讓人心裡覺得很沮喪，左思右想到底是什麼時候沒燒香拜拜，或是招誰惹誰了，才會變得這麼「衰」。

如果放任自己繼續沉浸在那種憂愁的情緒裡，只會讓這種感覺繼續加乘下去罷了，最後什麼事都不能讓我們感到快樂，因爲心實在太過於沉重了，堆積了太多患得患失的念頭。

既然如此，爲什麼不一股作氣地把這種情緒改變呢？

強迫自己換一個角度來設想，說不定可以見到另一番風景。

「塞翁失馬」是大家耳熟能詳的故事，提醒我們人世的福福互爲表裡，順境逆境也是一體兩面。

塞翁不以物喜，不以己悲，其實是一種豁達的想法。生活中很多事，看福是福，看禍是禍，能夠像塞翁一般以平常心看淡一切事物的福禍，其實也未嘗不是一件好事。

有位生活導師告訴我們：「如果一直到早上十點都能夠保持好心情的話，那麼一整天都能夠得心應手。」

想要快樂就必須要學會拋棄自怨自艾的念頭，遇到不好的事情，如果能轉念想想是否可以從其中學習到珍貴的教訓，其實也頗有意義，不是嗎？

把負面的想法拿來當作參考的基準，反正最壞不過如此，無論何時何處都能保持向上的姿態，原本「失」的想法，就能被轉換爲「得」。方法是人想出來的，就好像一名不擅長打反手拍的網球選手，就想辦法加快腳勁，追過了球，旋過了

身，豈不又變成可以正手拍擊球的場面嗎？

不管是好兆頭或是壞兆頭，在解讀之時都不要膨脹過頭，也不要隨之起舞，生活也就會變得單純快樂多了。

心境決定你的處境

如果一個人的心中缺乏一盞指路明燈，那麼，它的生活將是醉生夢死的。

——法國哲學家伏爾泰

等待機會，不如尋找機會

如果我們手比別人短些，眼睛比別人鈍些，跳得又不高，機會怎麼也抓不著，那麼不如多花點力氣自己來創造一個機會吧！

英國實業家兼激勵大師史邁爾斯在《自助論》一書中說道：「如果良機不來，你就自創良機。」

這句話說明了把握機會的價值與重要性，懂得把握機會的人，就像是知道如何乘著浪頭風勢前行的風帆選手，不只能夠得到適當的助力，只要控制得當，還能因此先馳得點，比別人早一步成功。

可是，機會是不可能平白從天上掉下來，被砸中的機會更是渺茫，人們只得先出手，以求能得到更多的機會。

如果，你自認運氣不夠好，等了好大半天，機會都不來一個，那麼與其坐著枯等，還不如學學毛遂自己來找機會、創造機會。

美國鋼鐵大王安德魯·卡內基曾引用《智慧的錦囊》裡的話說：「能把面前行走的機會抓住的人，十次有九次都會成功，但是懂得為自己製造機會，阻絕意外的人，每次都穩保成功。」

戰國時代的毛遂就是很好的例子。毛遂原本一直苦無機會發揮自己的才幹，但他並不因此喪氣，不斷磨練自己的學問與口才，所以當他終於有機會爲平原君效力的時候，便一舉讓大家知道他的眞才實學。

他很清楚知道自己的能力在何處，當然不願意甘於當個平凡食客，因此當機會出現，他便挺身而出，果然有了很好的表現，令人刮目相看。

他的口才極佳，善言能辯，是極爲優秀的外交人才，在楚國殿上，勇氣十足，反而以氣勢壓過在場眾人，條條有理地分析天下的局勢，不卑不亢地陳述平原君的來意，並分析楚國幫助趙國可獲得的好處，動搖楚王的心防，終於得以圓滿地

達成了任務，也證實了自己的能力不是憑空吹噓。

如果毛遂自始至終都在苦等平原君的青睞，那麼他可能從頭到尾都只是一名沒沒無聞的小食客，令周遭的人看輕。

如果我們手比別人短些，眼睛比別人鈍些，跳得又不高，機會怎麼也抓不著，那麼不如多花點力氣自己來創造一個機會吧！

心境決定你的處境

希望是熱情之母，它孕育著榮耀，孕育著力量，孕育著生命；希望就是世間萬物的主宰。

——普列姆昌德

與其消滅敵人，不如增加盟友

以時間換取空間，以不流血、不衝突的方式，無形之中，也能達成敵消我長的目的。

由於處事的立場不同，自然會有所謂的「敵友之分」，但是否一旦成爲敵人，就永遠不可能成爲朋友？是否彼此的意見不同，就非得要互相敵對，誓不兩立，如同莎士比亞筆下的羅密歐與茱莉葉家族，還得世世爲仇，直到犧牲了羅密歐與茱莉葉的愛情爲止？

其實，世上沒有永遠的朋友，也沒有永遠的敵人，一旦雙方的立場改變，局勢也將隨之改變。

與其花費心思去消滅一個敵人，不如試著讓自己增加一位盟友。因爲，當所有的人都成爲你的朋友，哪還有什麼敵人可言？

美國總統林肯之所以善待每一位有機會共事的人，是因爲他知道世事變化如此難料，今日的敵人，有朝一日，說不定會成爲自己成功的推手。

朋友，是人生的寶藏之一，有了朋友的支持與激勵，即使是一句話、一個眼神，都可以讓自己在關鍵的時刻中，擁有一分安心的力量，生出強烈的信心，推動著自己勇敢地朝著目標前進。

然而，我們也需要敵人，因爲有了敵人的刺激，可以讓自己冷靜下來，正視自己當前的處境，正視自己的弱點。當你有了競爭的對象，也才能帶來更上一層的成長。

如果一味以仇視的態度去處理事情，去看待敵人，不只預設的立場容易使自己蒙蔽了理智，更使得周遭煙硝味十足，隨時都可能擦搶走火，最後造成兩敗俱傷的局面。

倒不如仔細地思索，看看是否能尋找有利於自己的契機，妥善加以運用；找尋可能爲自己所用的人才，慢慢加以拉攏，一點一滴慢慢地擴大自己的勢力。以時間換取空間，以不流血、不衝突的方式，無形之中，也能達成敵消我長的目的。

當然，人不能單純到認爲這個世界沒有壞人，但是，最聰明的人，會懂得如何和壞人做朋友，在把持住自己的原則之下，儘量化敵爲友，掌握住致勝的契機。

心境決定你的處境

多一個真正的朋友，就多一塊陶冶情操的礪石，多一分戰勝困難的力量，多一個銳意進取的伴侶。

——培根

試著去當別人的貴人

如果，幫助別人的目的就是希望對方能以某種形式來報答，那麼，這只不過是一種交易，既然是交易買賣，就不可能會有恩情存在。

許多創業達人都說，生意想要做得好有兩個原則：一個要懂得建立關係，一個要懂得利用機會。關係好、人脈廣，做起事來當然左右逢源；將市場分析得透徹，準備充分了，自然就能在適當的機會裡眼明手快地出手，只要能做到高出低進，獲利的機率當然就是比別人大得多。

所謂高進低出，就是在事物毫不起眼的時候小心投資，等候時機到來，原本毫無價值的東西說不定就能翻上好幾倍。

不只對事如此，對人也一樣，有時候在自己行有餘力的時候，當當別人的貴人，適時拉人一把、助上一臂之力，說不定日後就能得到意想不到的回饋。當然，這樣的行動絕對不能把動機顯露出來，否則對方非但不會感謝你，反倒認爲你另有所圖，心底生了反感，這項投資就會變質了。

古語說：「施恩不望報」，其實大有學問，就是因爲「不望報」，受恩的人才會更加感動於心，覺得自己有機會一定要報答恩情。

如果，幫助別人的目的就是希望對方能以某種形式來報答，那麼，這並不是助人，只不過是一種交易。既然是交易買賣，就不可能會有恩情存在，那麼這樣的行爲就失去了原有的價值，當然也得不到日後的回報。

心境決定你的處境

僅僅活在世上並不值得稱道，值得稱道的是讓自己生活得很美好。

——古羅馬思想家塞涅卡

有足夠的耐心才能美夢成真

當你有了足夠的耐心，有了吃苦的決心，有了堅持的毅力，你想要的夢想，才有可能經由你的手變得真實。

有位哲人說過一句值得我們深思的話語：「一個人可以擁有一碗的知識，一桶的賢明，以及像大海一樣多的忍耐。」

很多事情都不是輕輕鬆鬆就能獲得的，如果沒有足夠的耐心，如何能順利克服成功之前的種種阻礙？想要美夢成真，首先必須訓練自己的耐心。

當你覺得眼前的際遇讓自己無法忍受時，不妨想想張良和圯上老人的故事，把它當成磨練。張良雖然覺得老人無禮的要求很爲難，但本著敬老尊賢的心態，不多加計較，還是一一完成了老人的要求。

老人故意態度惡劣，是爲了要測試張良心性是否能夠穩重鎮定，不妄下判斷，張良的表現令老人相當滿意，受到老人糾正過的，便決心改正不再犯，老人由此看出張良的資質及能耐得了苦的性格，才決定授他兵法。

做人做事也是如此，唯有能夠虛心受教、認眞學習，才能眞正瞭解別人所要傳達的知識和經驗，也才能有所獲得。

奧地利作家卡夫卡曾在著作中說：「忍耐是唯一真正可以使人的夢想變為真實的根本。」當你有了足夠的耐心，有了吃苦的決心，有了堅持的毅力，那麼，你想要的夢想，才有可能經你的手進而變得眞實。

心境決定你的處境

一個人感興趣的事情越多，快樂的機會也越多，而受命運擺佈的可能性也越小。

——英國哲學家羅素

得饒人處且饒人是一種寬容修養

有時候對付可惡的人，要懂得「得饒人處且饒人」，這不只是一種寬容的修養，也是一種勸人向善的作為。

這個世界上有好人也有壞人，我們當然應該要尊敬品德高尚、修養良好的好人，但並不代表我們就可以任意輕蔑污辱那些所謂的「壞人」。

《聖經》故事中，耶穌阻止眾人對一名妓女丟石頭，祂說：「自認爲自己從沒做過錯事的人，可以對她丟石頭。」結果，每個手拿石頭的人最後都把手放了下來。

人生在世，誰能無過呢？每個人難免都會有做錯事的時候，只是做得多與做得少的差別罷了，重要的是要有知錯能改的心意。

所謂「勸人向善」，之所以使用「勸」這個字眼，就是強調人的行爲是不會受外力脅迫而改變的，唯有自己打從心底想改變，才改變得了。所以，只能勸、只能教而不能「要」，因爲「要」只是一廂情願的想法，改不改還是對方自己的決定。

當有人做了壞事，一味地指責他卻無法令他心生悔改，那麼這個指責便是無用的。有句話說：「可憐之人必有可恨之處」，但回過頭想想，那可恨之人的所作所爲是不是也會有什麼難言之隱呢？

因此，有時候對付可惡的人，要懂得「得饒人處且饒人」，這不只是一種寬容的修養，也是一種勸人向善的作爲，因爲我們希望用善的力量來引出更多的善，最後達成我們希冀的目標。

要引發善心，第一步就是要以善的態度，引出對方的羞恥心，使他眞心悔悟自己的錯事，才有機會改錯爲正。

義大利有一句俗諺是這麼說的：「做好事比做壞事的代價低。」

這是說，雖然做好事不一定能讓我們見到立即的效果，但是做壞事卻可能會得付出驚人的代價。剛開始，或許眞的是逼不得已而鋌而走險，但是，隨著犯罪的頻率增加，罪惡感和羞恥心就會逐步淡去，那麼對於壞事本身也習以爲常，自然是不覺得自己有什麼不對了。

因此，想要讓人改過遷善，就要讓那些他們打從心底根除想做壞事的想法，才是根本的解決之道。

心境決定你的處境

一個人如果有自己的興趣愛好，無論走到哪裡，都能自娛自樂，欣喜不已。

——美國作家亞當斯

PART 8

叮嚀自己保持好心情

多數人之所以一直感到沮喪，
就在不肯打開心房，
讓愉快、希望、樂觀的陽光灑入，
終日緊閉著心扉，
以致於活在灰澀陰暗之中。

心境決定你是否擁有彩色人生

無論遭遇到什麼不順心的事情，你都要把自己從逆境中拯救出來。千萬要記住，心境決定你的處境！只要你願意背向黑暗，迎向光明，陰影自然會被遺留在身後！

作家賀伯特曾經勉勵我們：「雖然你無法改變自己的處境，但是你卻可以改變自己的心境。」

的確，當你沒有能力改變自己的處境時，唯一可以改變的就是你的心境。只要你願意改變自己原本不肯面對困境的心境，那麼你就會恍然發現自己所處的困境，並不像自己原本想像的那麼糟糕。

當生命如輕柔滑順的樂章，自然會使人們覺得歡欣。但是，眞正有價值的人，

卻是在逆境中還能保持微笑著的人。

一個能夠在行事不順時還帶著笑著的人，要比處於困境時便瀕臨崩潰的人還容易成功。當一切事情都與自己的心願相違，還能微笑的人，其實就已經具備了成功的特質，因爲，這不是一般人所能做到的。

許多人往往無法在他們擅長的領域獲得成功，原因在於他們遭遇失敗之後，成了沮喪情緒的俘虜。

憂鬱、陰沉、頹廢的人，在社會上是無法得到他人認同的，也毫無人際關係可言，因爲，每個人見到他們都會敬而遠之。

人會本能地接近那些和藹可親、幽默風趣的人，而不喜歡和個性憂鬱、陰沉的人相處。因此，如果我們希望別人喜歡我們，就必須先使自己成爲和藹可親、樂於幫助別人的人。

法國文豪羅曼羅蘭說：「人生原是與苦俱來的，不要沮喪人生的痛苦，應該在痛苦中學習、修養、覺悟，在苦難中發現我們內蘊的寶藏。」

因爲，一遇到瓶頸，就只會選擇沮喪、退縮的人，根本就無法深刻地體會，當生命遭遇困難之際，就是人生開始風雲變化的時候……

人不應該使自己淪爲負面情緒的奴隸，任由自己的人生被負面情緒支配。無論遭遇到什麼不順心的事情，你都要把自己從逆境中拯救出來。千萬要記住，心境決定你的處境！

只要你願意背向黑暗，迎向光明，陰影自然會被你遺留在身後！

俄國詩聖普希金曾經寫道：「大石攔路，弱者視為前進的障礙；勇者視為前進的階梯。」

的確，我們如果可以將阻攔自己的人生苦難，化爲追求生命喜悅的動力，那麼，我們怎麼還會有時間躲在角落裡沮喪呢？

許多人之所以陷入哀愁憂傷的情緒中，都是作繭自縛。因爲，他們常常以頹廢沮喪的心情，來阻礙自己的生命發展。

不管遭遇什麼事情，都必須勇敢果斷地面對，對自己充滿信心，抱著對生命樂觀的態度。

然而，一般人遇到不順利的事情時，或是處在不幸的境遇，無法從痛苦的漩

渦超脫時，往往會放棄自己，任由頹喪、懷疑、恐懼、失望等情緒左右，導致自己辛苦經營的事業、婚姻、幸福毀於一旦！

這有如辛苦地攀登山峰，抬頭見到峰頂就在眼前，卻在回憶過往的辛苦時一不小心失足墜下，不但前功盡棄，也葬送了自己的幸福。

心境決定你的處境

一種壞行為只能為其他壞行為開路，可是，一種壞思想卻會拖著人順著那條路一直往下滑。

——托爾斯泰《復活》

叮嚀自己保持好心情

多數人之所以一直感到沮喪，就在不肯打開心房，讓愉快、希望、樂觀的陽光灑入，終日緊閉著心扉，以致於活在灰澀陰暗之中。

人生過程當中，所有發生在於我們身上的順境或逆境，其實都是由心境所造成的。只有心境才能決定我們看到的天空是「藍色」還是「灰色」，只有心境才能決定我們的處境是逆境還是順境。

許多心靈導師所說的人生哲理，都在教導我們如何消滅我們心中的敵人——頹喪、懷疑、恐懼、失望……等等負面情緒。

要驅除這些負面情緒並不是一件容易的事，但卻是人生流程中的重要課題。

其實，只要你能培養積極樂觀的思維習慣，就有可能使自己的生活過得更加璀璨。

假使你能緊閉你的心扉，拒絕那些試圖奪去你愉悅心情的負面思想進入，不讓它們闖進你的心中，你就會明白，煩悶憂愁都是你自己招惹來的，而不是它們主動找上你的。

努力保持愉快的心情是很重要，萬一你沒有這種習慣，只要你肯努力叮嚀自己，不久你也會擁有這種愉快的心情。

有一個精神科醫生告訴病患，他發明了一種治療憂鬱症的簡單方法。他勸告病人說，在任何情況下都要面帶微笑，強迫自己無論心中高不高興都要保持笑容。

「笑吧！」他對病人說：「持續笑著吧！不要收起你的笑容！至少試著把你的嘴角微微往上揚。只要你肯保持笑容，你就感覺自己的心情好很多！」

這位醫生就是用這種極爲簡單方法，治癒很多病患的憂鬱症。

把最煩人的憂鬱，在數分鐘之內趕出心中，對精神狀況良好的人來說很容易做到。

多數人之所以一直感到沮喪，就在不肯敞開心房讓愉快、希望、樂觀的陽光灑入，終日緊閉著自己的心扉，以致於活在灰澀陰暗之中，殊不知，只要外面的一縷陽光射入，就會立即驅逐那些只能在黑暗中生存的負面思想！

心境決定你的處境

給你的朋友以時間，給你的妻子以閒暇，放鬆你的頭腦，讓你的身子休息，這樣你就能更好地完成你所習慣的工作。

——費德魯斯《寓言集》

以寬厚的心情對待自己

無論遭遇到什麼困境，不要只想到不幸和痛苦，應該多回想一些愉快令人欣喜的事情，以最寬厚的心對待自己，你種下快樂的種子，自然會收穫快樂的果實！

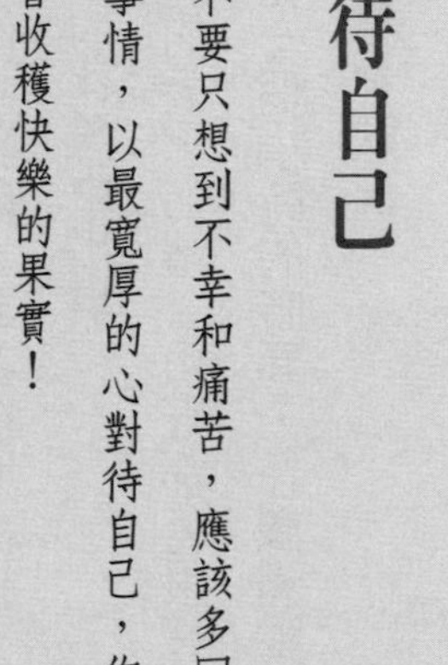

當你感覺到憂鬱、失望時，只要你努力改變週遭環境，你將會體驗到一股神奇的精神力量正在挽救你的心境。

無論眼前遭遇到什麼困境，不要只想到不幸和痛苦，應該多回想一些愉快、令人欣喜的事情，試著以最寬厚的心對待自己，對自己或週遭的人說些一些風趣幽默的話。

如此，你便是種下快樂的種子，自然會收穫快樂的果實！

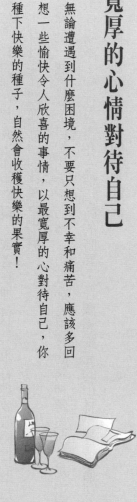

這時，遮蔽你心田的那些厚厚的黑雲將會逃走，而快樂的陽光必會照亮你的生命！

儘量告訴自己，不要去回想那些不愉快的事情，或是挖掘那些沉澱在心中的酸澀記憶。因爲，那些負面情緒會讓你產生負面思想與暗示，將會對你造成不良的影響。

當你陷入低潮的時候，不妨試著去尋找一處精神轉換所，讓自己融入生動有趣的環境，找出可以使自己發笑、使自己讚嘆或忘神的事物，這將會使你的心情產生全新的改變。

這種神奇的變化，有人可以在風趣幽默的交談中找出，有人會在扣人心弦的影片中尋獲，有的則在認眞工作中發現，或者在埋首於一本有趣或激勵性的書本中尋出，也有可能在閒逸舒適的休憩中出現。

如果你是一個喜歡大自然的人，海濱、山野都是很好的精神轉換所，是治療憂鬱的最佳場所，往往只需花一個小時的時間，在灑滿陽光的山林小徑或潔淨沙灘上漫步，便能快速改變你的精神狀況。

當憂鬱的陰影被陽光照透，頹喪的迷霧就會逐漸散去，此時，你便會感覺到自己如同重獲新生一樣的美好。

心境決定你的處境

自然像我們伸出歡迎的手臂，請我們享受它的美；但是，我們卻畏懼它的寂靜，衝到擁擠的城市，像逃避惡狼的羊群一樣擠成一團。

——紀伯倫《主之音》

不要讓心情影響你的決定

很多人往往只因在人生道路上一時受到挫折與刺激，便灰心喪志地拋棄自己的理想，轉而走向其他自己並不喜歡的道路，最後因為抉擇錯誤而遺憾終身！

當你處在憂鬱或覺得頹喪的時候，千萬不要做出任何重大決定或莽撞行事。因爲，那種不健全的心態，往往會造成你判斷錯誤，一念之差走入歧途。

當一個人覺得自己痛苦、失望、煩憂的時候，他所做的決定，往往只是爲了逃避眼前所面臨的困境，而無法顧及最後可能造成什麼不良結果。這就像有些女性在感情上遭到極度失望或痛苦時，便會退而求其次，決定嫁給那個可能是愛她，但並非她所愛的男子。

有些人在事業上遭到重大的挫折時，往往選擇逃避，自甘墮落地陷入破產的命運，殊不知，一旦他們肯咬緊牙關繼續努力，便能渡過眼前的難關，得到最後的成功。

有的人遭受到強烈的刺激與痛苦時，便萌生自殺的念頭，雖然他們明明知道，此時的痛苦只是暫時的，時過境遷必然能獲得解脫。

但是，當他們處於痛苦不堪的當下，便很難理智地對自己的境遇，下正確的判斷。

種種的例子都說明，我們的精神或身體在遭受鞭笞般的痛苦時，是無法善用我們的理智進行判斷，對於事物更無法作出明確的分析和預測。

殊不見，很多人往往只因在人生道路上一時受到挫折與刺激，便灰心喪志地拋棄自己的理想，轉而走向其他自己並不喜歡的道路，最後因爲抉擇錯誤而遺憾終身！

要一個人在希望破滅，周遭的環境十分黑暗、悲慘時仍然保持樂觀的心境，善用理智決定事情，是十分困難的事，但唯有遭遇這樣的環境，我們才能知道自己究竟屬於哪一種人！

因此，測驗一個人最可靠的方法，就是在他的事業處於危險時，命運之神也捉弄他，甚至連親朋好友都嘲笑他不識時務之時，他是否還能堅持自己的心志與事業。

心境決定你的處境

如果所有的人都把自己的煩惱，拿到市場上去同他們的鄰人交易；任何人看到了別人的煩惱之後，都寧可把自己的煩惱重新搬回家去。

——希羅多德《歷史》

把自己變成一塊吸引朋友的磁鐵

其實，你也可以將自己變成一塊大家樂於接近的磁鐵。只要你願意在日常生活之中，處處表示出愛人與友善的精神，樂於助人的態度，便能吸引別人成為你的好朋友。

「唉！我眞希望，我能多吸引一些朋友，成爲一個受人歡迎，別人樂於親近的人啊！」天底下不知有多少人因爲生性孤僻，而讓人們不想接近他、靠近他，和他們做朋友，使他們無法享受到無價的友誼帶來的快樂，以至於落落寡歡地發出這樣的吶喊！

但是，他們不知道，要實現這個願望——結交朋友，其實並非難事；只不過這個願望能否達成，必須靠自己身體力行去實踐，無法借助他人的幫助。

不管你身處怎樣的逆境，遭遇到如何困難，都必須在言行舉止之間，表現出自己親切、和藹、可愛的個性，以及令人愉快的精神，使人們在不知不覺中主動來親近你。

人品敦厚、個性可愛的人，會到處受人歡迎，比那些個性孤僻的人，在事業上更有成功的機會。

其實，你也可以將自己變成一塊大家樂於接近的磁鐵。只要你願意在日常生活之中，處處表示出愛人與友善的精神，樂於助人的態度，便能吸引別人成爲你的好朋友。要知道，如果一個人只會想到自己，只會爲自己打算，是會受人唾棄的。

假使你想多結交一些眞心的朋友，首先，你必須要有寬宏大量的心胸。因爲，全世界的人都樂於親近胸襟寬闊的人。因此，你要常常發自內心去讚美別人，發掘別人的優點，不要老是注意別人的缺點！

對於習慣輕視別人，對別人的行爲吹毛求疵的人，或是一看到別人行爲上的缺失，便冷嘲熱諷的人，應該特別留意，因爲，他們並非誠實可靠的人。

輕視與嫉忌他人的人，其實是心胸狹隘、心理不健全的。這種人從來不會承認別人擁有什麼優點。縱使有某個人衆望所歸，而且優點獲得大家公認，心胸狹隘的人也只會用「只不過」、「充其量」……等等輕蔑的語氣，來表示自己對他感到懷疑，企圖降低他的信譽。

因此，心胸寬大的人，看到別人的優點總是比缺點還多。相反的，心胸狹窄的人，目光所及都是別人的過失、缺陷與醜惡。

心境決定你的處境

我拿我溫柔恭順的關懷，寬慰你不幸的命運，守護你睡夢的時刻，
守護煩惱朋友的安寧。

——普希金《高加索的俘虜》

誠意會讓你散發魔力

只要肯改變自己的心態，以真心去關懷別人，對別人的事務也感到興趣，那麼，身上立即就會散發出一種吸引別人的「魔力」。

有個人不知道爲什麼大家都不歡迎他，每當他去參加聚會，別人見到他都會退避三舍，當別人縱聲談笑，氣氛十分融洽熱絡之時，他總是一個人百般無聊的坐在角落。

而且，當他偶而想融入人群之中，他的身上就像會發出「離心力」似的，讓人們紛紛離去，不久他又回復原來的孤獨狀態。

因此，幾乎朋友之間的聚會都不邀請他，使他覺得自己彷彿是不存在這個世

界上的人，活得了無生氣。

像這種在人群中缺乏吸引力的人，世上其實相當多，他只不過是其中一個代表罷了。

這種人之所以不受歡迎，全在他們自己本身的因素。

他們雖然本事很高強，工作很能幹，心裡也希望和別人親近，但是卻無法如願以償。而且，他們會很懊惱地發現，能力比他們還低的人到處受人歡迎，自己反而受人排斥。

他們無法了解到，自己之所以不受人歡迎，關鍵就在於充滿自私心態。他們凡事總是爲著自己打算，絕不肯花一點時間去爲他人著想。每次和別人說話時，總要把話題扯到自己身上去。

一個人倘若老是表現得很冷漠，只會照顧自己，爲自己打算，那麼，他一輩子一定結交不到知心的朋友。

但是，只要他肯改變自己的心態，以眞心去關懷別人，對別人的事務也感到興趣，那麼，他身上立即就會散發出一種吸引別人的「魔力」，在和別人相處之時，會從先前的「相斥」變成「相吸」。

假使他能常常設身處地爲別人著想，處處照顧別人的利益，別人自然會給他相同的回報。

心境決定你的處境

最堅固的友誼是在苦難中形成的，正如最熾烈的火，能把鐵最牢固地鎔鑄在一起。

——科爾頓《精闢之言》

遇到困難不能向後轉

有許多人都因為壯志未酬，而在悔恨自責中度過自己的下半生，問題就出在，面對前進與後退的抉擇時，沮喪的情緒及懦弱的想法，使他們選擇了「向後轉」！

一個人最需要勇氣、耐性與毅力的時候，無非是人生際遇十分黯淡、不順利之時。

此時，「向後轉」的想法常常會引誘他放棄自己的理想。

尤其是當眾人百般嘲諷譏笑的時候，他的心中更會產生自我菲薄的想法，暗示自己永遠也走不出一條康莊大道。

有許多人在就業或創業過程中，一遭受挫折，或是心中充滿失敗的念頭，便

會決定放棄。殊不知，如果他們能夠繼續忍耐下去，那麼他們的事業將會不可限量呢！

有許多出國攻讀學位的青年男女，往往因爲無法克制一時的沮喪與愁緒，竟不待完成學業而提前回國，造成日後無窮的追悔。

有不少習醫的學生，起先是滿腹熱忱，後來因爲在上解剖學、藥物學時產生厭惡感，而找藉口中途輟學。也有不少學法律的人，起先滿心想做一位優秀的律師，但後來讀到最艱深、繁雜的法律條文，便認爲自己不是當律師的料子，喪氣地放棄了。

當然，這些人事後總是對於自己當初的軟弱和草率行事，感到後悔不已。

在所有的人都放棄的時候，自己還堅持不懈；在所有的人都後退，自己還是勇往直前；當眼前看不到光明的希望時，自己還是努力奮鬥；這種精神是大科學家、大發明家，以及其他締造偉大成就的人成功的主因。

我們常常聽到長輩發出這樣的嘆息：「假使當初我能夠貫徹始終，不屈不撓，不在沮喪的時候放棄所從事的工作，恐怕我現在已經是個相當有成就的人了！我

的人生，一定比現在幸福多了！」

有許多人都因爲壯志未酬，而在悔恨、自責之中度過自己的下半生，問題就出在，面對前進與後退的抉擇時，沮喪的情緒及懦弱的想法，使他們選擇了「向後轉」！

心境決定你的處境

真正能被稱為勇敢的人，極其清楚地意識到生命的痛苦與歡樂，但並不因此而在危險面前畏縮。

——修昔底德《伯羅奔尼撒戰爭》

懷疑會影響你的判斷力

精神的恬靜、平衡與鎮定是產生周密思考的前提。執行你頭腦清明時所決定的計劃；在沮喪憂鬱的時候，精神散漫的你，可別隨意決定任何大事。

不管你感覺前途如何的黑暗，心境如何的沉重，都不能草率地決定放棄自己追尋的夢想，必須等到憂鬱、沮喪的心情消失之後，才審慎思索自己的人生方針或步驟。

當你心情十分惡劣時，不管是內心如何痛苦，負荷的壓力如何沉重，都必須加以克服，千萬不要就此倒下！

進行人生重要決定時，必須要謹慎運用自己的理智、正確的判斷力與縝密的

觀察力。

千萬不要在心情不佳的時候，做出生命中的重要決定或是走向錯誤的「轉捩點」。

因爲，當頹喪、失望、愁苦……等等情緒，充塞我們的胸臆時，很容易使我們的判斷出現致命的錯誤。

我們常常看見一些擁有很多家產的人，一遇到事情不順利時，就忙著變賣他們的家產，或是做出種種可笑的事來，因爲他們通常認爲，如果不靠著金錢去解決自己的困難，他們就將陷入悲慘的境遇中。

事實上，這一切都不過是庸人自擾罷了。

當你對前途感到迷惘，茫然不知何去何從之時，你的抉擇是很危險的，因爲在這種時候，你的思慮和所下的決定，通常是不健全的。

所以，你必須在頭腦冷靜、心情平和時，才去思考自己的人生方向，做出最明智的決策。

當心中充滿著懷疑及失望時，人不會擁有正確的判斷力。要有健全活絡的腦筋，才能做出正確的判斷。在心情不佳的時候時，所想到的念頭，大都是負面的，千萬不可貿然實行。

精神的恬靜、平衡與鎮定是產生周密思考的前提。執行你頭腦清明時所決定的計劃；在沮喪憂鬱的時候，精神散漫的你，可別隨意決定任何大事。

心境決定你的處境

唯有對生活存著理智的清醒狀態下，人才能夠戰勝他們過去認為不能解決的悲劇。

——達文西《筆記》

PART 9

你的腦筋爲什麼會打結？

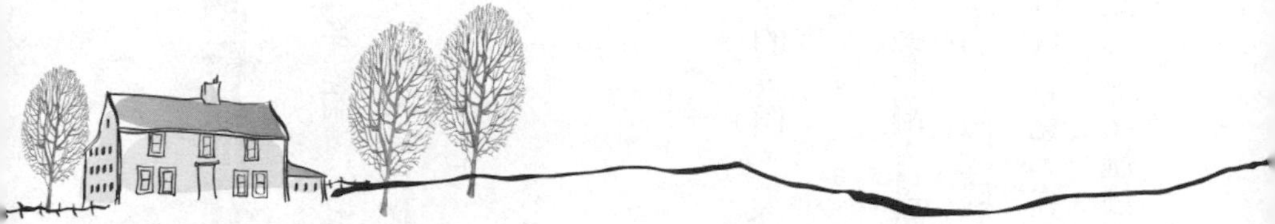

只知道工作而不懂得休息，
會讓你的腦筋打結，變得越來越笨。
身體健康與精神健康是息息相關的，
一旦你的身體健康出了問題，
你的腦筋也會跟著渾沌不明。

生活單調會摧殘生命的活力

許多尚未年老而身心已經衰疲的人，往往會覺得生活單調乏味枯燥不堪，原因就在於他們工作太過勤奮，一再重複著機械式的生活模式，休閒娛樂的時間太少。

健康是生命的泉源，人一旦失去了健康，便會了無生趣，整日怏怏不樂，做事毫無效率可言。

這時，生命頓時陷入黑暗、慘淡之中，對世上的一切事物都喪失興趣與熱忱。所以，有著健康的身體、健全的精神狀態，眞是一件幸福的事啊！

我們常常可以看見，許多原本可以有一番傑出作爲的人，卻因爲被衰弱的身體牽絆住，以致於無法施展雄心抱負。

也有許多人生活得不快樂，因爲，他們覺得由於身體健康不佳，導致在事業上只能展現一部分的實力，無法達成自己最崇高的理想。

天底下最大的遺憾，莫過於壯志未酬。

一個人有著傑出的能力，卻沒有健康的身體作爲後盾，有著雄心壯志，卻沒有充沛的體力加以實現；這無疑是件令人難過的事情！

許多人之所以飽嘗「有志難伸」的痛苦，就在於他們不懂得讓身心保持最佳狀態，最後失去了健康。

要知道，維持身心方面的年輕、健壯，在事業上非但有其必要，而且是相當重要的。

一個生活單調，只知道埋首工作，很少休憩、娛樂的人，他的行動一定無法像一個經常休息、娛樂的人那麼靈敏，頭腦思路也無法保持清晰活絡，充滿創意和活力。

因此，無論是勞心的人或勞力的人，適時調養自己的身心，保持健全的體魄，對於工作是十分有益的。

許多尚未年老而身心已經衰疲的人，往往會覺得生活單調乏味枯燥不堪，原因就在於他們工作太過勤奮，一再重複著機械式的生活模式，休閒娛樂的時間太少。生活單調會摧殘生命的活力，可別被單調的生活扼殺了自己的創造力。

心境決定你的處境

人人都應有一種深厚的興趣或嗜好，以豐富心靈，為生活增添滋味，同時也許可以藉著它，對自己的國家有所貢獻。

——戴爾．卡耐基

你的腦筋爲什麼會打結？

只知道工作而不懂得休息，會讓你的腦筋打結，變得越來越笨。身體健康與精神健康是息息相關的，一旦你的身體健康出了問題，你的腦筋也會跟著渾沌不明。

大部分在事業上有所成就的人，絕不會終日埋頭苦幹，也不會老是顯得自己的工作十分繁忙，每天都得跟時間進行激烈的賽跑。

某家大公司的總經理，每天留在辦公室工作的時間，最多只有二、三個小時。

他常常到各處旅行，在大自然風光中舒展自己的身心，他認爲，唯有如此調適自己的身心狀況，才能保持工作效率。他不願像大多數的企業經理人一樣，在過度的工作中摧殘自己，最後弄垮自己。

這種心態讓他在事業上獲得非常大的成就。

因爲他的身心得到充足的休養，所以辦起事來十分敏捷而有效率，工作非常迅速，絕少發生錯誤。因此，他常常在三個小時內就完成別人必須耗費八、九個小時，甚至日以繼夜工作的進度。

一個生活規律而懂得適時休憩的人，會散發強大的生命力，抵抗各種疾病，渡過各種難關，應付各種突如其來的打擊。

只知道工作而不懂得休息，會讓你的腦筋打結，變得越來越笨。

休閒娛樂在我們的生活中佔有相當重要的地位。有許多僱主老是強迫職員長時間工作，而忽略了適度的休憩可以使人的身心維持均衡狀態，增進工作效率。

許多急於出人頭地的人，似乎以爲身心健康是很好「溝通」的，會按照自己的意志進行調整，因此，根本不注重健康法則，勉強自己一天做二、三天的工作量，用盡各種方式糟蹋自己的身心，直到健康出了問題才後悔莫及。

這樣的人既失去了健康，也難以獲得成功。

大多數人的生活方式，都在兩極端中來回行走——糟蹋身體，然後求醫診治，結果導致體力衰微、精神耗弱，而且在這種病態的循環中產生了失眠、憂鬱、沮喪……等等負面思想！

身體健康與精神健康是息息相關的，一旦你的身體健康出了問題，你的腦筋也會跟著渾沌不明，精神時時陷入恍惚狀態。

我們經常可以發現，一個身強體健的人儘管才智不高，但是他的成就，往往會超過才能出衆卻身體衰弱的人。如何才能成爲一個精力旺盛、身強體魄的人？其實，方法很簡單，只要我們能過著規律協調的生活，懂得適時從忙碌的工作抽身，讓自己多一點休閒娛樂，便能達成這個目標。

心境決定你的處境

任何一個人，只要他的心和他的愛好遭到了破壞，他如花似錦的年華，就會春夢似地消磨過去了。

——盧梭《愛彌爾》

讓美麗的事物淨化你的生命

美麗的事物有著淨化、滋潤與豐富生命的力量，這種力量將會擺脫塵俗的紛擾，使人過得優遊自在，生活之中常常會增添許多意想不到的樂趣。

養成欣賞美麗事物的習慣，必須從生活週遭的細微景物做起，當你能培養出這種優雅的品性、審美的情操、高尚的鑑賞能力時，你將會從世事萬物得到無法比擬的快樂。

世界上任何有形的資產，都不會比培養審美眼光和鑑賞能力來得寶貴。因爲，高尚的鑑賞力將使我們擁有一顆細膩的心，不斷爲我們的生命帶來驚奇喜悅，把生命染會成虹彩般絢爛美麗。

具備審美眼光的人，生活之中常常會增添許多意想不到的歡樂與樂趣。至於審美眼光和鑑賞能力的養成，大部分是在大自然的耳濡目染之中完成的。

自然界中各種的聲響，譬如蟲鳴鳥語，溪水潺潺聲響，微風拂打樹葉的聲音，以及天空、海洋、森林或高山秀嶺、遼闊原野所呈現的千萬種顏色，都可以爲我們培育出優雅的審美眼光。

假使你無法讓你的耳朵和眼睛儘量去接觸外界的美麗景物，拓展自己欣賞美麗事物的視野和境界，那麼，你的生命無疑是枯燥無味的。

美麗的事物有著淨化、滋潤與豐富生命的力量，這種力量將會使人擺脫塵俗的紛擾，過得優遊自在。

所謂完美的生命，其中必定有許許多多美麗的事物點綴、滋潤、豐富。對於美麗事物無法細細領略品味的人，縱使站在一幅美麗的名畫之前，心裡所想的也只是它的價錢。

當他看到日落餘暉、紅霞返照的奇景，或自然界的其他美麗景象，心靈也不會有任何震撼。

像這樣一味在塵世汲汲營營的庸俗之人，心靈很難淨化昇華，當他們刻意把自己的外在裝扮得光鮮亮麗的同時，其實心靈正逐漸變成一灘污濁的池水。

心境決定你的處境

縱然人間的詩人都已死亡，他們所有的音樂也隨之消逝，可是大自然想說的一切，總會找到適當的聲音來表達。

——W．溫特

你也可以更新自己的生命

美麗的事物會更新我們的生命，讓我們充滿了盎然生機。

一個只知道追求名利財富的拜金者，不會具有審美的眼光，也很難具備高貴的品格與高尚的情操。

一個人想要修練自己的完美品格之時，培養審美的情操是很重要的。外界的人、事、物，對於我們的生命、品格常常會產生微妙的影響。譬如，當我們看到一幅美麗的畫作、一抹美麗的斜陽、一張美麗的臉容，或是一朵美麗的花朵時，總能在無形中讓我們心曠神怡，感激生命的美好。

這時候，我們會暫時拋下得失之心，使得現實生活中的種種煩悶、憂愁、焦慮霎時散去。

當我們細細品味眼前的美妙景致，心靈無形之中就會得到淨化。美麗的事物會更新我們的生命，恢復我們元氣，促進我們的健康，讓我們充滿了盎然生機。只要我們擁有一顆柔軟纖細的心，那麼，不管何時何地看到美麗的事物，都會感動，都會訝異、驚歎。而且，這種悸動的情愫，隨著時間流轉，每天都會有所不同。

世間賢能的人，往往就是對週遭美麗的事物都能感到驚歎的人。

一個懂得欣賞大自然、熱愛大自然、敬畏大自然的人，也必定了解自己本身就是巧妙精緻，而且是最具價值的大自然產物。

唯有如此，人才能夠領略自己的人生無比珍貴。

一個只知道追求名利財富的拜金者，不會具有審美的眼光，相對的，也很難具備高貴的品格與高尚的情操。

無論我們從事哪種職業，都不可爲了金錢，拋棄或摧殘了自己生命中最高貴、最優美的情愫；我們應該利用各種機會，將美麗的事物貫注於我們的生命中。

當你能喜歡美麗的東西，你的生命中自然就含有美的成分。高尚的思想、崇

高的理想會在你的舉手投足間顯露出來。

因此，只要你能具備審美眼光，你的生命一定會淨化、提昇、豐富。你可以在自己專精的領域，成爲一個深具鑑賞能力的「藝術家」，而不僅僅只是一個庸俗的「工匠」。

心境決定你的處境

大自然像個美貌的新娘，不需要人造的珠寶為她增添嬌豔，而滿足於它田野的蔥蘢，她海岸的金沙，她高山的寶石。

——紀伯倫《主之音》

不要爲了小錢賠上健康

人常常在一些似是而非的經濟觀念中，浪費許多寶貴的生命力與精力。必須要把自己的眼光放得遠大一些，知道自己想要的是什麼，不要執著於無關緊要的細節。

做事想要充分發揮效率，必須有高瞻遠矚的眼光，知道什麼事必須費盡心力去做，什麼事即使不做也沒關係。

眞正懂得經濟、效率精隨的人，往往會用最精簡、最快速的方式，獲得最高的報酬。

立志要成功的人，必須要把自己的眼光放得遠大一些，知道自己想要的是什麼，不要執著於無關緊要的細節，也不要被眼前的小利迷惑，因而損失了更大的

利益、更多的機會。

節儉是一種美德，但過分節省卻是一種壞習慣，不但無益反而有害，有時還會變成人生道路上的絆腳石，失去許多成功的機會。

生性吝嗇小氣的人，往往會讓別人產生輕蔑的眼光，不樂意與他交往，使他無法建立廣泛和諧的人際關係，失去成功所需的助力。

有的人時常爲了省些小錢而不惜戕害自己，最常見的是捨不得花錢讓自己餓肚子，最後賠上了身體的健康。

要知道，這是一種極爲不智的行爲，這樣的人一直忍耐到上醫院求診時，就會知道自己其實是在省小錢花大錢。

人們在身體精神狀況不佳的時候，無法順利進行工作。只有在體力強旺、腦筋清晰的時候，辦事才會有高度的效率。所以，爲了要維護健康起見，即使多花一些錢也是值得的。

人常常在一些似是而非的經濟觀念中，浪費許多寶貴的生命力與精力。譬如，當我們的身體出現小病痛時，往往捨不得花錢就醫而拖延下去。結果，常常會因

小失大，不但讓自己的身體忍受了許多不必要的痛苦，工作效率大受影，最終還得付出更多醫療費用。

凡是阻礙我們生命發展的事物，我們都應該不惜任何代價，設法加以補救。在強調節約的同時，應該將效率當爲我們的行事準則。凡是可以增進我們的能量，增強我們的腦力、體力的事情，都要努力去執行，因爲這是邁向成功所需要的代價。

心境決定你的處境

省吃儉用而忍飢捱餓，當然是件好事，但是，在適當時機揮金如土，也同樣是好事情。這就在於修養成熟的人來加以決斷。

——德謨克里特

讓生命綻放出耀眼的光芒

人應該盡情燃燒自己的能量，使生命綻放出最耀眼的光芒。我們更應時時提醒自己，應該充滿自信，以積極樂觀的態度，渡過白駒過隙般的短暫人生。

心理學家威廉．詹姆斯曾說：「一個人如果想要擁有自信，就要裝得很有自信的樣子。如此一來，自信就會取代自卑。」

人生的價值並不是依據外表的美醜、財富、地未來衡量，而是當你一無所有的時候，是否仍然對自己深具信心。人生，其實就是我們自己編寫的戲劇，而且擔負這部戲的導演、演出、舞台設計、燈光照明的，也都是自己。

由於每個人抱持的人生態度不同，所寫出的戲劇有可能是晦暗的、沉悶的、無趣的，也可能是明快的、鮮活的、感人的，甚至還可以是精采萬分的。

在人生的舞台上，我們不要讓自己淪爲一個庸俗的人，而要勇敢去追尋自己的願望和夢想，讓自己的人生戲碼輝煌壯麗。因爲，就像一部庸俗的小說無法讓讀者感動一樣，一個平凡庸俗、言行粗鄙的人，也無法讓人留下深刻印象。

我們應該時時提醒自己，應該充滿自信，以積極樂觀的態度，渡過白駒過隙般的短暫人生。

美國劇作家麗·蓮海爾曼說：「人只要有一種信念，那麼，他在追求的過程中，不管什麼艱苦都能忍受，不管什麼環境都能適應。」

人應該對自己充滿信心，盡情燃燒自己的能量，使生命綻放出最耀眼的光芒。

心境決定你的處境

別再悔恨，烏雲後面，太陽依然輝煌燦爛。每個人一生都得逢上陰雨，有些日子必然陰暗而沉悶。

——朗費羅《雨天》

靠自己的心靈力量拯救自己

英國思想家培根曾說：「人類在肉體方面的確與禽獸相近，如果在精神方面再不與神相類似，那麼，人就是一種卑污下賤的動物了。」

我們所處的是一個虛榮、矛盾、媚俗、欺騙、詭詐……價值觀念極度紊亂時代。例如，許多人爲了使自己的容貌體態更加優雅迷人，每天忙著粧點自己，卻從未想過如何才能充實內涵，使自己的心靈更美麗。這樣既虛榮又虛無的人，終日帶著假面具取悅別人，最後終將淪爲一個言語無味面目可憎的庸人。

人唯有先淨化自己的心靈，外表才會變得美麗動人。必須培養純潔而高尚的情操，讓心靈安詳富足，對人生抱持善良、積極、開朗的態度。

一個人的生活是樂觀積極、多彩多姿，或只是渾渾噩噩迷糊終生，甚至作姦犯科危害人群，完全取決於他抱持什麼樣的人生態度。如果我們不用心去了解自己的個性和能力，當然就無從了解應該對人生抱持什麼態度，只會處心積慮地想使自己的外在形象獲得外界的肯定，而隨波逐流渡過一生。

英國思想家培根曾說：「人類在肉體方面的確與禽獸相近，如果在精神方面再不與神相類似，那麼，人就是一種卑污下賤的動物了。」

人應該做到的是，淬勵自己的心智，並管理自己的行爲。眞正的心靈淨化作用，除了自己之外，沒有人可以勝任，如果你不想淪爲一個虛有其表的人，就必須靠自己的心靈力量拯救自己，才能從世俗的漩渦中超脫出來。

心境決定你的處境

沐浴在陽光中的人，在心中會升騰起善念；如同在火爐邊烘著的蘋果會散發出香甜的氣味一樣。

——C·D·沃納

不要把精力浪費在小事上

「經濟」的真正意義是當用則用，當省則省。「效率」則是將時間貫注在最有意義的事務上，獲得最完美的結果，而不是費盡心力去完成可有可無的事情。

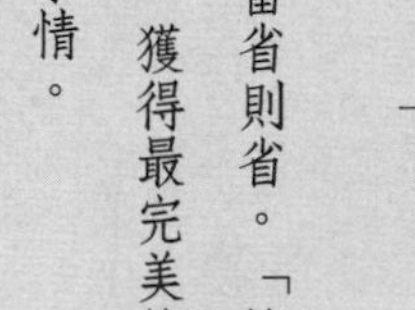

現代人事事講求經濟、效率，但是卻往往流於銖錙必較，把時間精力消耗無關緊要的芝麻細事上，甚至還爲了這種浪費生命的行爲而沾沾自喜。現代人之所以會形成這種本末倒置的錯誤觀念，根本的原因就在於嚴重誤解經濟、效率的眞實意義。

曾經有一位繼承龐大家業的億萬富翁，從小就養成斤斤計較的習慣，這種根深柢固的壞習慣，往往使他爲了節省一分錢而浪費一塊錢價值的時間。他常常耗

費許多寶貴的時間，只是爲了節省一些細微的開支。殊不知，他拘泥於小事所花掉的時間價值，遠遠勝過他所節省的蠅頭小利。

在公司業務上，他更是將吝嗇的精神發揮得淋淋盡致。

他每天都叮嚀公司的職員必須節約，凡事能省則省；這種矯枉過正的行爲，讓全公司的職員把心力浪費在如何節約上，而不是如何積極推展公司的業務。

這樣「不務正業」的公司自然難以蓬勃發展，最後不可避免地面臨倒閉的厄運。吝嗇成性的壞習慣，非但無法使這位富豪開創出新格局，最後來父親留給他的財產也守不住。

「經濟」能夠創造「效率」，但是，在高度商業化的社會中，能夠徹底了解「經濟」和「效率」意義的人，實在少之又少。

「經濟」的眞正意義並不是吝嗇刻薄、一毛不拔，而是當用則用，當省則省。「效率」則是將時間貫注在最有意義的事務上，獲得最完美的結果，而不是費盡心力去完成可有可無的事情。

過度看重眼前的小利、銖錙必較的人，是無法成就大事業的。節儉固然是一

種美德，但是，過分吝嗇、小氣只會讓你一是無成。

做大事需要有恢弘的器量，遠大的眼光，集中時間精力於最有意義的事情上，如此才可能獲得寶貴的成功。

心境決定你的處境

為了一件小事上的節省，人們往往會付出很大的代價；只知守財並非真節儉，捨得用錢，有時到是真正的節儉所不可少。

——愛默生《論文集》

PART 10

拯救你的腦細胞

科學家進行的實驗顯示，
一切不良的思想都可以損害細胞的生命，
有時發脾氣之後，
竟需花數星期的時間，
才能使受損害的神經系統恢復。

從絕望中喚起新生命

想一死了之的絕望，正是無以倫比的勇氣，妥善運用的話，極有可能是復活的轉機。自殺無疑是一種愚蠢的舉動，扼殺了一個人昇華至更高境界的可能。

大音樂家貝多芬三十歲出頭，就患了足以葬送音樂創作生命的中耳炎，最後耳朵甚至完全聾了。他曾經一度絕望得想要自殺，並且留下遺書給他弟弟。

但是，不久後，由於對音樂的熱愛，他恢復了生存的勇氣，譜成了《英雄》、《田園》，以及被稱爲最高傑作的《第九交響樂》……等不朽的樂曲。

人生路程中，每個人都會遭遇過大大小小的挫折，伴隨挫折而來，通常是沮喪、悲觀和絕望。

挫折和絕望都是人生坡道的石階。面對挫折、絕望的態度不同，往後的人生發展也會有所不同。

某位享譽國際的運動明星說過一番深富哲理的話：「我經常從失敗的比賽裡贏取教訓，至今，我還從未從勝利中得到任何教訓。」

如果你提出勇氣克服挫折和絕望，那麼，挫折將是促使你的人生更昂揚、更臻豐熟的重大動力。

自殺事件，甚至是孩童自殺，這類駭人聽聞的事件正逐年增加。

其實，那種想一死了之的絕望，正是無以倫比的勇氣，妥善運用的話，極有可能是復活的轉機。

從這種觀點來看，自殺無疑是一種愚蠢的舉動，扼殺了一個人昇華至更高境界的可能。

當遭遇的朋友爲某些事情感到絕望的時候，我們必須告訴他們這些道理，培養他們生活的勇氣，讓他們以堅強的態度面對人生。

他們的困惑、苦惱，在我們看來，也許只是微不足道的芝麻細事，但是，他們往往爲了那些事物賠上了他們的生命。

我們應該要細心疏導他們心中挫折和絕望，同時要設法協助他們以此作爲跳板，跳躍到更高境界的人生。

心境決定你的處境

憂愁一旦進入人的內心，便會完完全全佔據它；愚鈍的靈魂所不能控制的煩憂，應該用理智來加以驅除。

——朗費羅《雨天》

從孤獨中培養勇氣

一個人勇氣，最需要發揮在貫徹自己的價值觀念、貫徹自己的信念之上。這種敢於與眾不同的勇氣，才稱得上是真正的勇氣。

許多人喜歡成群結隊，無法忍受一個人獨處，因此經常會在朋友忙碌或者不想被打擾的時候，不識趣地前去拜訪。

其實，孤單有時倒是與內在的自我交談的最好時機；一個人格成熟的人，即使必須獨自面對不可預卜的未來，也不會感到孤單無助。

現今社會的人際關係正逐漸淡薄，人的喜怒哀樂，終究只是個人的感情，人有時必須單獨一個人去面對、去忍受人生中的某些事物。

這個道理必須經由更深刻的體驗才能印證，否則不容易領略。

如果有一天，所有的商店、娛樂場所全部停止營業，所有的親友都離我們而去，整座城市變得死寂靜默，這種景況對許多人而言，有如墜入恐怖黑暗的地獄，簡直無法忍受。

但是，對某些人而言，人生最快樂的時刻便是獨自躲進自己的心靈空間，不與外界接觸，連電話都不接，隨興翻讀自己喜愛的書，疲倦了便喝點小酒，獨自一個人渾然忘我地在自己的世界神遊。

人們常常因爲缺少面對孤獨的勇氣，很難體會一個事實——有時候，孤獨的滋味是甜美的，生命中某些美妙的事物必須透過孤獨的體驗才得以甦醒。

一個人眞正的價值，或者絕對的價值，究竟是什麼呢？

應該就是根據自己的個性與觀念，對事物下價值判斷吧！

但是，人性通常是懦弱的，最常見的是，爲了以社會的一份子生存下去，往往歪曲自己的觀感，讓自己對事物的判斷，屈服於社會的庸俗價值觀念。

但是，一個人的勇氣，最需要發揮在貫徹自己的價值觀念、貫徹自己的信念

之上。

唯有具備了這種敢於與眾不同、敢於忍受孤獨寂寞的勇氣，才稱得上是眞正的勇氣。

心境決定你的處境

獨處可說是成熟靈魂的保姆；學會悠然獨處有利於想像力的發揮，一如社交活動有益於性格的培養。

——洛厄爾《哥倫布》

你也可以治療自己的精神疾病

我們往往因為不懂得主宰自己的精神而頹廢沮喪，而且在精神遭受毒害時，又不知要如何防禦。一個聰明的人必須知道如何對症下藥去醫治精神方面的疾病。

眞正偉大的人，在統治他的精神國土時，能夠主宰自己的種種情感，知道心境決定處境，也知道要如何去用積極的觀念去消除各種憂悶、罪惡、惡毒的思想。

走在人生的旅途，他知道要如何用愉快的想法去抵消失望、憂鬱、頹唐……等負面思維。遇到人生的困境，他知道樂觀的思維會宣告悲觀的死刑，和諧可以消滅混亂，健全的思想可以消除憎惡、嫉忌、報復……

我們往往因爲不懂得主宰自己的精神而頹廢沮喪，而且在精神方面遭受毒害時，又不知要如何防禦。因此，一個聰明的人想改變處境時，必須知道如何對症下藥，醫治自己精神方面的疾病。

我們發現，用相反的思考去抵消種種不好的想法，如同用冷水去中和熱水一樣的容易。假使我們的頭腦正爲了動怒而發熱時，便要開放愛與和平的思維，這樣一來，怒氣自然而然會全消。在仁愛的面前，憎恨的負面情緒一刻也無法生存；寬恕會征服嫉妒與報復的心理。

大部分人之所以徬徨迷惘，就在於只一味想驅逐心中的「不好」的想法，而不知用「良好」的思想去加以取代。

心境決定你的處境

偉大的生平經常啟示我們：我們的生命可以活得高尚純潔，當辭別人世的時候，在時間之沙上留下我們的腳印。

——朗費羅《生命的讚歌》

拯救你的腦細胞

科學家進行的實驗顯示，一切不良的思想都可以損害細胞的生命，有時發脾氣之後，竟需花數星期的時間，才能使受損害的神經系統恢復。

許多人都認爲，人的心志只能影響頭腦。其實，生理學家已經在盲者的指尖上發現灰色的腦質；盲者能夠辨識各種物品、錢幣，甚至各種顏色及影子，都顯示出思想的作用並不限於腦部。我們的全身各部分，都有著思維的作用。

人類的身體是由細胞組成的，是一大群的細胞——腦細胞、骨細胞、神經細胞……等等組合而成。人體中億萬個細胞都緊密的連繫著，足以損害或有益一個細胞的，也足以損害或有益全體細胞，所以一個人思想的優劣，可以使全體細胞

受害或得益。

科學家進行的實驗顯示，一切不良的思想都可以損害細胞的生命，有時發脾氣之後，竟需花數星期的時間，才能使受損害的神經系統恢復。無數的實驗結果都告訴我們，一切健全、愉快、樂觀、積極的思考，可以改善全身的細胞生命。這些思想，對於細胞生命而言具有創造的功能。

E．C．蓋茲教授的實驗證明出，怨恨、惡毒、頹唐……等情緒，在人的身體系統中，會產生損害性的化學混合物，這種混合物是十分歹毒的。至於平和善良的情緒，則能產生有滋養價值的化學物。

蓋茲教授說：「不良的情緒能在人身體組織中，生出一個相應的不良化學變化。每個好的情緒，則能生出一個使生命產生變化的思維，而使腦部細胞的結構產生變化，這些變化有時是有永久性的。」

人其實可以用正直的思想，除淨心中的任何污穢、惡毒的思想。

記住，一切不健全的情感、矛盾脆弱的思想，都是腦細胞遭受毒害的症候。

不過，請放心，我們每個人都有治療的對症藥劑，例如，錯誤的藥品就是正理，矛盾的藥品就是和諧。只要用這些積極樂觀的藥方，便能隨時防止各種小病症的發生。

假使你能將各種美麗、有益的思想長留在心頭，那麼你便能淨化自己的理想，提高自己的生命層次。

心境決定你的處境

我們生命快樂的最重要的基本因素，是我們的人格；如果沒有其他原因的話，人格是在任何環境活動的一個不變因素。

——叔本華

不要用精神刑具戕害自己

未開化的民族在宗教儀式中，往往用各種殘酷的方法戕害自己的身體，其實，我們自己也常用種種精神的刑具來戕害自己的一生。

沒有人能夠估計清楚，煩憂鬱悶對人類究竟造成多少損失。

這種頹廢的心境會使天才變得凡庸，所造成的失敗與希望的破滅，比任何東西都還嚴重。

沉重的工作不會致人於死，但是，煩悶卻能殺死大批的人的靈魂；真正損害我們的生命的，就是我們自己的心理作用——在未做事之前，先在腦海中產生顧忌畏懼的心理，預感在工作時會產生種種不快意。

一個把大部分的精力，耗費在無謂的煩悶上的人，是無法像平常人一樣地發揮他固有能力的。

世上能夠摧殘人的活力，阻礙人的志向，減低人的能力的東西，無非是煩悶這件事。它能使人的健康、精力受損，創造力量消失，因而使許多原本可以有所作爲的人，最後平庸地度過一生。

人能從煩惱中得到絲毫好處嗎？

煩惱可曾幫助過任何人改善生活嗎？

都不能！煩惱隨時隨地都在損害人們健康，摧毀人們的活力，降低人們的效率，使人們的生活陷於不幸。

假使有一個老闆，明知到自己的店裡有一個不忠實的職員，每天都在偷東西，但卻仍然將他留在店中，而且不加斥責，那麼，我們必然會認爲他是個大傻瓜。

然而，我們往往在自己的「精神商店」中，收留一個比偷錢、偷東西更可惡的竊賊，任由他偷去我們最寶貴的精神、活力，以及生命中的機會與幸福，而不加以驅除！

未開化的民族在宗教儀式中，往往用各種殘酷的方法戕害自己的身體，當成虔敬的表示。對於這種形式，我們不是覺得既可憐又可笑嗎？其實，我們自己也常用種種精神的刑具來戕害自己，常懷著各種杞憂與不祥的預感，來度過我們的一生。

心境決定你的處境

在人格市場和商品市場上，估價的原則是一樣的：在這一方，出售的是人格，在另一方，出售的是商品。

——弗洛姆

幫助自己走出人生的低谷

醫治煩悶憂鬱，其實無須求助於醫生。只要用希望替代失望，用樂觀替代悲觀，用鎮定替代慌亂，用愉快替代煩惱，你就可以走出人生的低谷。

煩悶的心情能摧殘人的活力，消磨人的精力，同時更會影響到人的工作效率。

人在心緒不寧的時候做事，自然無法得到最好的效果。人只有在各種精神機能絲毫不受牽制時，才能發揮自己最強的能力。因爲，煩悶的頭腦，思緒往往不清晰、不敏捷，也不合邏輯。

我們的大腦所攝取的養分必須靠血液供應，假使血液中經常載滿了恐懼、煩惱、憤恨、嫉忌……等負面思想的毒素時，這些腦細胞便會受到毒害。

現代人特別容易感到煩惱、憂鬱。

許多人每天得花費精力處理工作和家常事務，操煩子女的各種問題，如果還要爲生活中的瑣事擔心，精神就會處於緊張狀態，使得自己一到天晚覺得精疲力竭。

這種情形如果不能加以改善，人就會被各種無謂的煩悶、憂慮榨乾自己的青春和活力，以致於未到中年便呈現衰老狀態。

許多人三十歲不到，臉部已佈滿了皺紋，就是由於他們操煩過度的結果，並不是眞的遭遇什麼重大不幸。「憂愁能夠殺死一隻貓」，煩悶會在人們的臉上刻劃出心靈的痕跡，甚至在短短的幾星期之內，使人的容貌衰老不堪。

很多人往往會使用各種保養物品，或進行手術，試圖挽救自己的衰老。殊不知，其實他們的衰老原因，全在於爲了某些不必要的瑣事煩悶、憂愁。

醫治衰老的藥品只有一種，這種藥品就在自己的心中，亦即秉持著隨緣自在的處世態度，驅除容易煩悶的不良習慣。

驅除煩悶的最好方法，就是以愉快的態度面對生活，不要患得患失，也不要刻意去強調生活中的種種不幸與醜惡。

維持身體的健康，是矯正煩悶的重要條件。良好的胃口、舒適的睡眠、清爽的心情，都可以減少煩悶的情況發生。如果你能讓身心保持最佳狀態，煩悶自然無機可成乘。一旦你的活力降低，體質變得衰弱，煩悶就會乘機滋長。

當你一覺察有恐懼、煩悶等思想侵入心中時，就要立即以希望、自信、果敢激勵自己，不要任由這些剝奪自己幸福的敵人盤踞心中！

醫治煩悶憂鬱，其實無須求助於醫生，你自己就可以加以治療。只要用希望替代失望，用樂觀替代悲觀，用鎮定替代慌亂，用愉快替代煩惱，你就可以走出人生的低谷。

心境決定你的處境

當我們輕快的小船在微波中飄蕩，時起時落；並不是風在推動它前進，駕駛它的是我們無憂無慮的心靈。

——屠格涅夫《蔚藍的王國》

生命的意義在於心靈的活動

人越是對死亡有著強烈的意識，就越能夠徹悟人生的本質，越能將個人的能力表現得更完美。必須深刻體認人世無常，才能使有限的生命，提高至無限的境地。

生離死別的遭遇雖然無奈，但卻是人世間無可避免的事。

假如我們懂得轉換心境，以平常心去看待，那麼，就會發現，生命的聚合離散其實含有深意。

許多人的生活重心是吃喝玩樂，不願面對人世間的醜惡、煩惱、苦難、恐怖……，只對無憂無慮的享樂生活感到興趣。

這樣的人其實是不成熟的，因爲，不論如何漠視，他們還是無可避免地要面對現實殘酷生活和混亂暴戾的社會，唯有在面對至愛的親人撒手離去的衝擊時，才會悲痛地理解生命的意義——人絕對不能渾渾噩噩、得過且過。

死亡雖然會讓人心裡產生沉重負擔，但是生命總是有終結的時刻，如果我們想培養自己對未知人生的預感、期待或自覺，那麼，勇敢面對生死這類話題無疑可以發揮相當效果。

這類問題可以開啟自己更深一層的想像空間。

紀伯倫在《折斷的翅膀》裡曾寫過一句深富哲思的詩句：「一個人的生命並非始自母胎，也並非終於墓穴。」

我們不妨這樣告訴自己，我們的肉體僅僅是個靈魂暫時棲住的軀殼，在浩瀚無垠的宇宙時空裡，存在著超越肉體的無形力量；人的志業或許轉眼成空，但是精神力量是不會就此幻滅的。

如此一來，我們對自己的未來就會有更豐富的想像力，並懷抱著虔誠的期待積極地生活下去。

這樣的心靈默想，不但可以幫助自己釐清生命的本質，減低對死亡的恐懼感，

並且可以重新認識——生命眞正的意義在於心靈的活動，而不是肉體是否存在。

一個人越是對死亡有著強烈的意識，就越能夠徹悟人生的本質，越能將個人的能力表現得更完美。

不論如何養生有術，人終究難逃一死，唯有深刻體認人世迅速無常，才能使我們極爲有限的生命，提高至毫無界限的境地。

心境決定你的處境

我們每個人的生命，都彷彿活在薄冰的表層，真正的生活藝術是，學會如何在這層冰上滑行自如。

——愛默生《論文集》

不要替自己的過錯找藉口

我們應該提醒自己妥善控制情緒，避免鑄下大錯；萬一不小心犯錯，千萬不要推卸責任，也不要編造各種藉口替自己的過錯辯解，應該要勇敢承認錯誤。

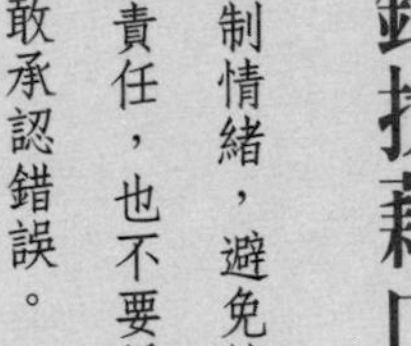

人類是自然界最狡猾而且最具智慧的強者，而且每個人的本性中都隱藏著邪惡的因子，當求生的本能或想要使自己過得更好的念頭熾烈高昂的時候，便會不知不覺墮入罪惡的淵藪。

但是，一般人的內心同時也具有抗拒和淘汰邪惡的意願，想要使自己更高尚更善良，因此做錯事時會感到羞辱、懊惱、焦慮、不安，良心飽受煎熬。有位心理學家分析說，一般人所犯的過錯，往往是在失去理智、無法控制情緒的狀態下

突然發生。每個人都會犯錯，而且常常因爲無法抑制一時衝動而犯下大錯。

我們應該抱持著正確的態度，眞心爲自己所犯下的過失罪惡懺悔贖罪，如此才能獲得眞正的解脫。唯有徹底反省自己的所作所爲，才能剔除生命中的惡，挽救自己的靈魂，改變自己的處境。

我們應該提醒自己妥善控制情緒，避免鑄下大錯。萬一不小心犯錯，千萬不要推卸責任，也不要編造各種藉口替自己的過錯辯解，應該要勇敢承認錯誤，發自內心反省悔悟，並且時時警惕自己不要再犯。

不要替自己的過錯找藉口！如果我們具有一顆懺悔的心，就能深刻檢討自己的過錯，並藉著這些教訓領略人生的意義，以實際行動彌補自己造成的傷害。

心境決定你的處境

無知是一張白紙，可以在它上面寫字；而錯誤則是一張被塗得亂七八糟的紙，首先得把它擦乾淨。

——科爾頓《精闢之言》

PART 11

當一隻認真的兔子

有許多擁有才能的人，
甚至是不世出的天才，
由於生性懶惰，
或者過分相信自己的天分，
結果都遭失敗，
或者不能達到原本可以達到的成功。

你是一顆不停滾動的石頭嗎？

人類的發展和進步必須歸功於一心一意在自己崗位上努力奉獻的人。因為，如果每個人都像滾動的石頭，人類就不能生長出那麼多足以嘉惠後代的「青苔」。

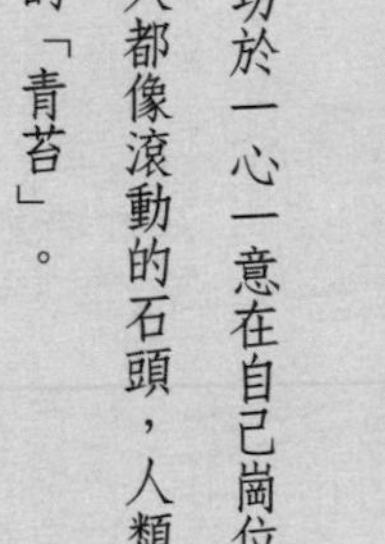

有句古老的諺語說：「滾石不生苔」，意思是比喻一個沒有恆心、常常見異思遷的人，永遠也不會有傑出的成就。

這樣的人通常落得一事無成。譬如以就業來說，在當今這樣競爭劇烈，工作技能日趨專化業的時代，一個人如果想要獲得成功，就必須爲自己慎選一個固定的行業，然後刻苦耐勞，穩紮穩打。如果一個人只會做一行怨一行，那就休想會有進步、發展，更遑論獲得成功了。

常常見異思遷的人，會使得自己以往的努力白白浪費掉，哪裡能爲成功奠立基礎？結果正如同一句諺語所說的：「想同時捉住兩隻兔，結果兩隻都失去。」

研究學問也是同樣的道理。如果想要成爲一個權威的學者，就得專心一志鑽研一門學科，並且還得將所有的時間和精力都花在上面，要是什麼都學，就會落得樣樣不精。

典型的「滾石」，從不會長久固定在某種職業或某個職位。你會發覺他的履歷表上洋洋灑灑，從事過很多行業和職務，但是從來沒有做滿半年以上的。這樣的人，似乎天性就是不穩定的，漂流不止的，無論走到哪兒也不能安定下來。

心境決定你的處境

既不要過度樂觀，也不要過度悲觀，而要努力不懈將手頭上的事情變得更美好，這是你通向成功的唯一指南。

——伊巴涅斯《不速之客》

用愛心豐富自己的生活

愛因斯坦說：「一個人的價值，應當看他貢獻什麼，而不是取得什麼；人只有獻身於社會，才能找出那短暫而有意義的生命。」

人再怎麼忙碌，也一定要撥出一點時間爲周遭的人們帶來溫暖，設法去幫助處境困難的人們。做這些事，也許你並無金錢酬報可得，卻可以使你的心靈獲得滿足。

想改變自己的處境，必須要記住，在你的四周，都是需要你幫助，而且也是幫助你的人。

英國詩人彌爾頓在《失樂園》中寫道：「心是以自家為宅宇，它可以化地獄作天

堂，也可以化天堂作地獄。」

愛人、助人的精神，會喚醒我們生命中最高尚的情感與情操，讓我們的心靈超脫塵世的煎熬，彷如置身天堂般快樂。

靈魂中的陰霾，會被愛的盎然生氣一掃而空；應該對所有的人都抱著惻隱悲憫的心，對整個人類抱持著熱愛。

愛是生命的陽光，會驅走心靈的陰影。

愛心包括對他人的愛，對自己本身的愛，以及對各種事物的摯愛。我們要讓這些愛的能量滋潤、豐富我們的生活。

每個人都必須把完整的愛心貢獻給社會，社會才有進步的可能。精神層次的昇華，可以使人擺脫物質的誘惑，以精神的羽翼翱翔於天地之間，既豐富了自己的生活情感和思想，也掙脫了塵世的紛擾不安。

當一個人的愛心達到最極致的狀態，就會像神佛一般，以大慈悲心，捨身爲塵寰中的人群積極服務、奉獻。

我們應該了解，一個人縱使沒有特定的信仰，只要他能夠明是非、知善惡、捨棄自己、奉獻別人，那麼，這個人事實上就已經實踐了各派宗教所教誨的極致眞理。

愛因斯坦說：「一個人的價值，應當看他貢獻什麼，而不是取得什麼；人只有獻身於社會，才能找出那短暫而有意義的生命。」

因此，當週遭的人不求回報地爲人服務或奉獻的時候，我們不只要稱讚他們表現出的美德，還要及時地告訴自己，那些行爲中蘊涵著相當深刻的意義。

心境決定你的處境

抱有使我們周圍的人快樂而非痛苦的良好願望，最能使我們的容顏、體態和行為顯得更加美麗。

——愛默生《處世之道》

運用腦力爲自己創造奇蹟

發揮本身的聰明才智，去克服自己所遭遇到的種種困難。
如果人遇到困難之時，不懂得運用腦力為自己創造奇蹟，
那麼，就無異是屈服命運的低等動物。

面臨迫切的需要，往往會迫使人進行一連串腦力激盪，運用智慧找出應對的方法來。

譬如，人類在遠古時代，由於需要彼此傳達感情與意志，就發明了語言。後來由於需要保持這種語言，就發明了文字。後來，又由於需要更廣泛和更迅速地傳播消息和知識，就發明了印刷技術。

在漁獵時代，由於需要得到食物，人類就發明了捕捉飛禽走獸和魚類的刀、

槍、矛、弓箭，以及漁網……等等工具。

在寒冷的地帶，人類爲了要禦寒，起初以樹葉和獸皮來蔽覆身體，後來又發明了紡車和織機來織布製衣，並且曉得築造遮風避雨的屋舍。當人類感到不能光靠漁獵來維持生活時，就發明了飼養某些動物作爲食物，於是人類的歷史進入了牧畜時代。

後來，又爲了要使疏果能經常供給，就發明了播種五穀；爲了便於播種耕作，就發明了鋤、鏟、犁……等工具，以及施肥、灌溉等方法，於是人類的歷史又進入了農業時代。

後來，人口不斷繁殖，必須尋找、開闢更多土地，但是土地往往被湖泊和海洋所隔離，於是人類就發明了獨木舟和帆船等渡水的工具。

這樣一再發明，帶動了現代各種偉大驚奇的成就。

人類的一切發展，不管內容如何，都可以看做是一系列不同的創造過程。創造與需要以特定的方式彼此緊緊聯繫著。

需要，就像是一位嚴肅而又親切的老師，教導著人類利用頭腦，發揮本身的

聰明才智，去克服自己所遭遇到的種種困難。

如果人遇到困難之時，不懂得運用腦力爲自己創造奇蹟，那麼，就無異是屈服命運的低等動物。

心境決定你的處境

生命的意義在於創造；如果人僅僅是動物，而不是奇蹟的創造者，那麼，他也不可能是內心深處和諧的創造者。

——高爾基《人間》

當一隻認眞的兔子

有許多擁有才能的人，甚至是不世出的天才，由於生性懶惰，或者過分相信自己的天分，結果都遭失敗，或者不能達到原本可以達到的成功。

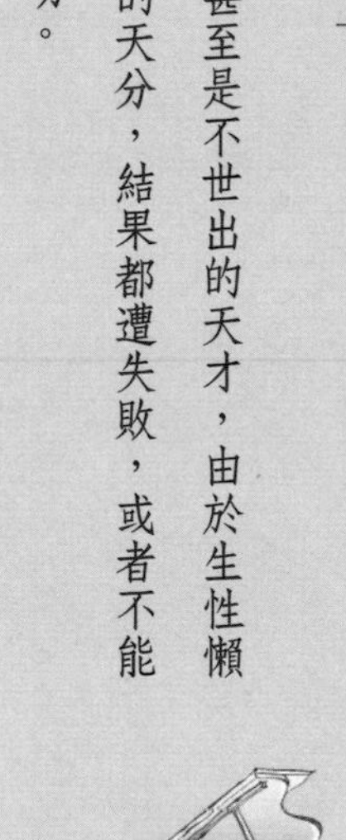

《伊索寓言》裡有一則龜兔賽跑的故事。

在比賽過程中，兔子抱著輕視烏龜的心理，以爲自己十拿九穩，可以輕易擊敗對方，於是就在跑了一段路之後，就鬆懈地倒在灌木叢裡呼呼大睡。烏龜則有自知之明，以堅毅不拔的精神，一步一步毫不停留地向前邁進。

等到兔子醒來時，烏龜已經爬到接近終點的位置，這時，兔子雖然以最快的速度追趕，已經爲時晚矣。比賽的結果，烏龜得到勝利。

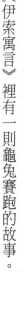

大家都知道，這個寓言故事，用意在於忠告那些具有特殊才能的人不可以過於驕傲，並且鼓勵那些缺乏才能的平凡人，凡事只要認眞去做一定會有成果。一個人儘管有著過人的天賦，要是沒有耐心，不肯腳踏實地努力，絕對不會有什麼傑出成就的。有許多擁有才能的人，甚至是不世出的天才，由於生性懶惰，或者過分相信自己的天分，結果都遭失敗，或者不能達到原本可以達到的成功。

英國詩人考萊治是一個最好的例子。他是一個具有卓絕詩才的人，但是由於意志力薄弱，缺乏堅忍的天性，最後染上吸食鴉片的惡癖，就從此在詩壇墜隕了。〈老船夫〉是他唯一完成的偉大詩作，其他很多作品都殘缺不全。他曾寫過很多詩，但最後完成的卻極少。

一個天賦平凡的人，常常以爲自己無法成功一件大事，因而就不去嘗試。但是，我們常常看到，有不少極普通的人，由於堅忍、勤奮，一生當中也會有傑出的成就。

我們也常常看到，在學校裡，得獎的常常不是頂聰明的學生，而是資質平庸卻能刻苦用功的人。

這樣的人與才智超越的人相比，就好像是兔子賽跑的烏龜。

龜兔賽跑的寓言故事告訴我們，凡是有堅毅不拔的精神的人，不管他如何平凡，最終也會獲得勝利。

心境決定你的處境

生活要走向自己的目標，而且要求人們要有所作為，但是，人們卻當了自己懶惰的俘虜，使得生活的前進速度受到阻礙。

——高爾基《瓷豬》

爲自己的心靈點亮一盞燈

埃及作家穆罕默德．高特普曾說：「信仰是人類生活中最重要的部份，它使人類了解自己的內心，認識自身的能力和肩負的使命。」

現代人最常犯的錯誤是功利取向，習慣把自己應該親自履行的某些承諾或義務，換算爲金錢和物質，並且在虛榮的漩渦中自我陶醉；這樣的人不知不覺就養成拜金習慣，彼此炫耀衣飾、房子、車子、地位和財富……

其實，名與利既容易獲得也容易，喪失眞正可以讓自己終身享用不盡，陪自己走過人生旅程的是——心靈深處的純眞信仰。

宗教信仰是一種發自內心的情愫。因爲，宗教的意義爲人類性靈的抒發，爲宇宙的微妙與美的感覺，爲對於人類與生物的仁愛與悲憫。

埃及作家穆罕默德．高特普曾說：「信仰是人類生活中最重要的部份，它使人類了解自己的內心，認識自身的能力和肩負的使命。」

宗教是爲世人而存在的，心中有所信仰的人，即使陷入人生的困境，也不會感到孤獨寂寞，不論何時何地，心靈都能保持安詳與寧靜。

信仰是通往智慧之路；最純潔的信仰是經過知識鍛鍊過的，是經過智慧的聖水清洗過的。所以，當一個人虔誠信仰的時候，能感受到肉眼看不見的事物，能想像出感官無法觸及的領域。

只要虔誠信仰激勵人心向善的宗派，人必然會領悟到宇宙之間有一股神秘而偉大的無形力量，時時刻刻督促著自己的一言一行。

我們應該爲自己培育這種心靈的修養，使自己的心性溫和柔軟，讓心靈感受到宗教的莊嚴、肅穆與虔誠。如此一來，我們便能透過語言、歌唱、繪畫、書寫……來反映自己的感情、理想與願望。

信仰是一種心理狀態，是人類依據主觀見解而對於人或者其他事物所產生的堅定信心。

這種信心，每每可以成爲一個人或一個社會的照路明燈。

事實上，宗教是一種無形的力量，每個人都是活在宗教世界裡的。最純潔的信仰是對高尚理想的執著，我們無須強迫自己一定要信仰什麼宗教，只要端正自己的日常言行，就是活在信仰之中了。

心境決定你的處境

人必須信仰某種東西；令人欣慰的信仰像一層雲物，人人都處於它的籠罩下，而一個人的信仰，卻像夏日的蒼蠅那樣飛個不停。

——羅素《懷疑論隨筆》

設定目標，你就不會再苦惱

一個對於生活沒有明確目標的人，怎能奢望自己能夠到達成功的境界呢？怎能奢望自己跳脫塵世的徬徨和迷惘，走向人生的康莊大道呢？

成功並不是一蹴可幾的，許多偉大的人物之所以能攀登生命的巔峰，是因爲當他們的競爭對手在甜美的夢鄉呼呼大睡時，他們仍孜孜不倦地在深夜的孤燈下辛苦奮鬥。

不積極力爭上游的人，人生會逐步向後倒退，甚至一步步走向黑暗的深淵，同樣的道理，無法保持昂揚鬥志的人，注定一生只能在地上匍匐爬行，離成功的目標越來越遠。

不管任何人，只要滿足於自己的現狀，那麼他的人生就會原地踏步，無法再向前多邁進一步。

有許多人非常嫌惡自己目前的平凡模樣，一心想要加以改變，但是，既缺乏明確的奮鬥目標和遠大的人生抱負，也不願靜下心來妥善規劃自己的人生，只是毫無目的一天捱過一天。這種想要成功卻又不肯正視自己，抱持得過且過的矛盾心態，實在令人感到訝異和驚心。

遺憾的是，在熙來攘往的人海中，我們隨時隨地都可以和這樣的人擦身而過。

這樣的人只是好高騖遠的失敗者，他們的生命只就像是隨波逐流的小船，既沒有確切的目標、固定的航向，也不知道自己的生命之舟未來將停靠在哪個港口。

他們渾渾噩噩地虛擲了寶貴的時光，甚至把自己的青春歲月都蹉跎了，卻依然不知覺醒。他們隨波逐流地過日子，不管做任何事情，都不願探究自己這麼做到底有何意義，只是被擁擠的人潮推促著向前移動。

如果你詢問他們將來打算做什麼事，生命中最崇高的理想抱負又是什麼，他們必定會心虛地告訴你，雖然他們很想改變目前這種虛無的生活狀態，但是，卻又不知道自己到底應該如何開始，因而只能漫無目的地等待著機會降臨。

一個對於生活沒有明確目標的人，怎能奢望自己能夠到達成功的境界呢？怎能奢望自己能夠改變處境，跳脫塵世的徬徨和迷惘，走向人生的康莊大道呢？

其實，只要設定明確的目標，我們就能夠激勵自己向著目標前進，就能夠對生活產生巨大的影響力。

明確的目標，會使我們全部的精力都凝聚在一起，目標決定了你的終點，有了明確的奮鬥方向，我們所邁出的每一步才是穩健有力的，才是朝著目標前進的。

心境決定你的處境

當大自然剝奪了人類用四肢走路的本領時，它就授與他一根枴杖，那就是理想。從那時起，人就本能地追求美好的事物，目標越來越高。

——高爾基《時鐘》

讓理想的燈塔永遠點燃

人必須讓理想的燈塔永遠點燃，永遠發出閃亮的光芒，指引著自己朝著人生的航線行去。

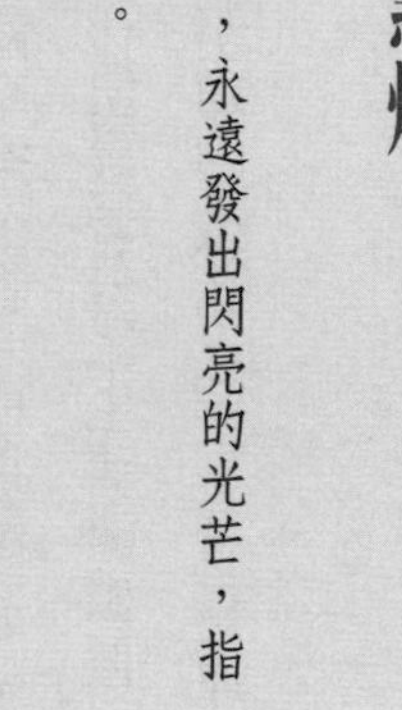

抱持著慵懶怠惰、好逸惡勞生活態度的人，不可能獲得傑出的成就，有時即使僥倖成功了，也只能維持一時的榮景，不久之後就會走向失敗的命運。

只有那些奮力朝著人生目標前進，全心全力克服橫阻在眼前的艱難障礙的人，最後才可能攀登上生命的顛峰，達到成功的境界。

那些從來不肯試著去面對挑戰的人，無法迫使自己勇敢承擔起艱辛繁重的工作，永遠不可能有太大成就。

任何人都應該嚴格要求自己，不能無所事事地消磨大好時光，不能放縱自己到了清晨還賴在床上睡大覺，也不能放縱自己只在有工作心情時才去工作。想成爲一個成功的人，無論如何都必須學會管理自己的情緒，調節自己的心境，克服自己的惰性，不管是處於什麼樣的環境，都應當強迫自己努力工作。

大多數人之所以遭遇失敗，往往不是環境造成的，而是因爲他們胸無大志，沒有恆心毅力，生活過得太懶散了，根本不想成功。

大多數人都不願意從事辛苦的工作，不願意付出任何代價，只希望過著安逸享樂的生活，盡情揮霍自己擁有的一切。他們根本不想成功，所以不會拼命地爲自己的人生奮鬥，所以安於享受現在的生活。

精神上的懶惰懈怠、身體上試圖享樂，對一切劣等慾望的誘惑採取放任的態度，養成好逸惡勞的生活習慣，在在使得芸芸衆生渾渾噩噩，一事無成就。

一個人在工作上消極怠惰，最明顯的徵兆之一，就是原有的理想與抱負在不知不覺中日漸消磨，終至灰飛湮滅。

在我們攀登人生高峰的過程中，理想和抱負更需要細心呵護、更需要時時鼓勵，尤其是當我們置身於鬥志不容易被激發出來、向前衝刺的動力不足時，就更須時時激勵自己。

如果你不甘心淪爲庸碌之徒，就得養成經常檢視自己抱負的習慣，並且時時保持著高昂的鬥志。因爲，一個人的成就高低，事實上是取決於他的抱負高低。一旦你自己的抱負降低，生命就會變得蒼白無力，所有的奮鬥動力也會隨之降低。人必須讓理想的燈塔永遠點燃，永遠發出閃亮的光芒，指引著自己朝著人生的航線行去。

心境決定你的處境

生活好比是旅行，理想是旅行的路線，失去了路線，只好停止前進了。生活既然沒有目的，精力也就枯竭了。

——雨果《海上勞工》

成功的人不一定比你聰明

絕大多數成功的人士，其實並不比一般人聰明，或是具備獨特的才能，而是他們時時牢記自己的人生抱負，朝著自己既定的遠景奮勇向前。

一個人倘使心中沒有遠大志向，對自己的人生抱持著得過且過的態度，那麼，他就像是服用了過量嗎啡的病人，生命是岌岌可危的。

當病人服用了過量嗎啡，醫生們知道，在這種危急時候睡眠對他來說就是意味著死亡，因而會想盡辦法讓他保持清醒。有的時候，不得不採取一些殘忍的手段，譬如使勁地捏掐病患，或者是對他進行重擊，總之，必須用盡一切可能的手段來驅逐睡魔。

在這種情況下，病患的意志力就扮演著決定性的作用，一旦他的意志消沉，陷入沉睡狀態，那麼他很可能就再也不會醒過來。

我們隨時處都可以見到這種例子，有些人得天獨厚地具備了開創一番事業的優秀條件，而且也正摩拳擦掌蓄勢待發，然而，他們卻不曾爲自己規劃人生遠景，不知自己要走往哪個方向，腳步遲遲不能往前挪動半步，因而沒有抓住最好的時機，最後竟然以失敗收場。

造成這種現象的原因就在於，他們沒有遠大的抱負，身上欠缺前進的動力。一隻手錶縱使有著最典雅精緻的指針，外表鑲嵌了最昂貴的鑽石，然而，倘使它缺少最重要的動力，它仍然無法走動。

同樣的道理，一個人不管天資多麼聰穎，不管受過多麼高深的教育，不管身體是多麼強壯健碩，如果缺乏遠大志向，縱然具備了其他優秀的條件，都顯得毫無意義。

就像有些頗具才幹的人，對什麼事情都躍躍欲試，但是由於不知道自己最適合從事什麼工作，便一直隨著環境遷流，無法下定決心選擇好自己的人生志業，最終還是一事無成。對於這樣的人來說，生命無疑是可悲的，因爲無論他們再怎麼才華橫溢，也會在漫無目標的東碰西撞中，消磨了身上的銳氣，無法到達成功的彼岸。

必須記住，絕大多數成功的人士，其實並不比一般人聰明，或是具備獨特的才能，而是他們時時牢記自己的人生抱負，在這股龐大的動力推促下，朝著自己既定的遠景奮勇向前。

心境決定你的處境

如果一個人的頭上缺少一顆指路明星，那麼他的生活必定是醉生夢死的。理想，就是照亮前途的指路明星。

——蘇霍姆林斯基《給兒子的信》

PART 12

鞭策自己努力實踐夢想

倘若你不經常仔細傾聽來自心靈深處的呼聲，
倘若你不時時鞭策自己努力去實踐夢想，
那麼，夢想萎縮的速度便會加快，終至死亡。

鞭策自己努力實踐夢想

倘若你不經常仔細傾聽來自心靈深處的呼聲，倘若你不時時鞭策自己努力去實踐夢想，那麼，夢想萎縮的速度便會加快，終至死亡。

每個人小時候都擁有自己的雄心壯志和偉大夢想，但是，隨著時光流轉、環境變遷，大多數人的志向卻越來越渺小，夢想也向泡沫一般，在現實生活中幻滅了。這究竟是爲什麼呢？

原因其實很簡單，人與生俱來的特殊功能，一旦長期遭到壓抑、漠視，或是捨棄不用，無可避免地就會日益退化或者消失殆盡。

志向就像是一棵幼苗，倘若我們從不細心去灌溉，耐心去培育它，爲它拔除

週遭的雜草，任由它在心靈花園裡自生自滅，那麼即使它能夠僥倖存活下來，也很難成長茁壯。

唯有經常使用這高貴品質或特殊功能，人的生命才能持續煥發出光彩，否則就會污穢腐朽，這是自然界最神奇的定律。

一旦我們不再運用大腦思考，就會越來越愚蠢，一旦停止使用身上的某種器官，或者長期未使用某種特殊能力，退化的情形也會自然而然地產生，原先所具有的能力也會在不知不覺中一點一滴流失。

倘若你不經常仔細傾聽來自心靈深處的呼聲，倘若你不時時鞭策自己努力去實踐夢想，那麼，夢想萎縮的速度便會加快，終至死亡。

理想和抱負如果沒有及時得到回應和照料，就有如心靈花園中遭到廢棄的樹苗，對於水分與養分的需求一再落空，它的生命力當然越來越微弱，結果自然走向枯亡的命運。

仔細觀察一下我們周圍那些的人群，就會發現這種「優秀的失敗者」多得不勝枚數。或許他們比一般人聰明優秀，但是總是神情頹廢萎靡，充滿悲觀消極的想法，這是因爲他們心靈深處的熱情之火已經不再燃燒，志向化爲一堆灰燼，充斥他們內心的是無邊無際的黑暗。

這種人整天只顧著怨天尤人，專門嘲諷別人的志向，殊不知自己已經淪爲沒有靈魂的行屍走肉，生活毫無意義可言。不管對他們自己還是對這個世界，他們的存在似乎是多餘的。

心境決定你的處境

人的一生當中，只有兩條路是暢通無阻的，一條是通向理想，另外一條則是通向死亡。

——席勒《人口出生》

幸運只屬於積極努力的人

光說不練的幻想家，做起事來往往苟且敷衍，他們一方面沉醉於「我一定會成功」的憧憬，一方面卻幻想著不勞而獲，認為好運總有一天會突然降臨。

對生命缺乏遠大抱負的人，是這個世界上最可憐卑微的人，他們一味耽溺於眼前的物質享樂，一再否定和漠視心靈深處渴望奮發向上的吶喊，而且甘心淪爲劣等慾望的奴隸，急於將自己的理想火花撲滅。

一個人不管目前所處的環境是多麼困頓，或者先天具備的條件是多麼貧乏，只要他想出人頭地，在人生道路上時時保持著昂揚的鬥志，心中熊熊烈火不斷燃燒，那麼，他的人生便充滿著光明希望。

相反的，如果一個人的銳意進取的心理消失殆盡，終日抱持著頹廢消極的想法，心境如槁木死灰，那麼，人生便無可避免地要墮向黑暗的深淵。成功的原理其實很簡單，只要讓自己的身心保持最佳狀態，就可以達到成功的境界。

想要在自己專精的領域獲得成功，最要緊的事情之一就是保持昂揚的鬥志，提醒自己對生活充滿旺盛的熱情，堅定地朝自己的人生目標大步前進，讓心中熾熱的火焰永遠燃燒。

大多數的人都知道，只要自己積極奮發向上、樂觀地期盼著自己的理想和抱負總有一天會實現，最後就一定可以達成目標，但是，不少人往往只是借用這種想法欺騙自己、麻醉自己，不肯腳踏實地去追求自己的夢想。

這種光說不練的幻想家，做起事來往往苟且敷衍，他們一方面沉醉於「我一定會成功」的憧憬，一方面卻幻想著不勞而獲，認爲好運總有一天會突然降臨。殊不知，幸運只屬於積極努力的人，天上只會飄下風雨霜雪，幸運從來不會從天而降。

行動也是理想和抱負成長茁壯的養分之一，唯有使用各種養分細心照料，理想和抱負才能欣欣向榮。

單單擁有理想和抱負卻不去實踐，是不切實際的行爲。

必須要有堅強的行動力、堅毅不撓的決心，以及堅韌的意志力灌溉，我們的夢想才會成眞。

心境決定你的處境

必須從理想主義中去尋求精神力量，在不使我們驕傲的情況下，這種理想主義可以讓我們的希望昇華。

——居里夫人《談話錄》

不要磨損自己的求勝決心

當一個人精力飽滿、鬥志昂揚、信心堅定的時候，就是實踐自己理想的最佳時機。每一次怠惰拖延都會磨損我們非成功不可的決心，削弱我們堅決求勝的意志力。

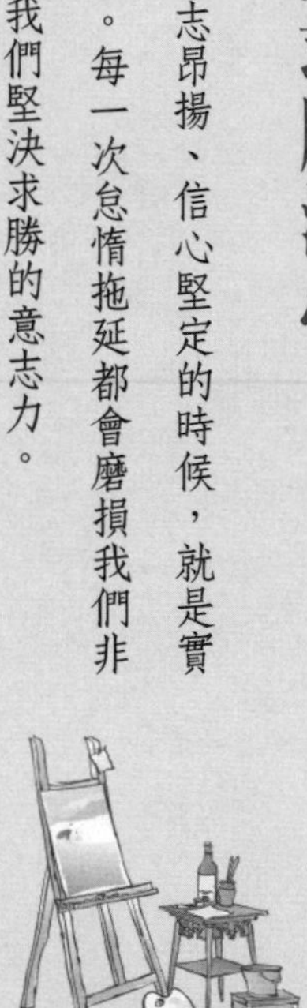

每個人的內心都有龐大的催促力量。

當你感覺到有一股難以抑制的熱情在心中澎湃洶湧的時候，當你發現自己突然有一股強烈的慾望想去做某一件事情的時候，當你的理智和自我意識發出陣陣激昂的吶喊時，這便是一種來自內心深處的龐大催促力量，意味著你具備了完成某件事的能力，並且必須立即著手去做。

如果你不妥善利用時機，而任由這股龐沛的力量消退，那麼，你就可能平白

失去了一次獲得成功的機會。

有的人認爲，心中的衝動和激情是永存不滅的，縱使當時使我們不立即行動，它們也會一直留在我們心中，伴隨著我們渡過一生。

這是錯誤的想法，實際上並非如此。衝動和激情就像《聖經》故事中，以色列人行經荒漠時所得到的天賜食物和甘露一樣，如果不當天立即食用，就會永遠失去。

一個人倘使不知掌握時機，一旦信心和勇氣衰退、意志消沉，是很難將它們尋回的。當一個人精力飽滿、鬥志昂揚、信心堅定的時候，就是實踐自己理想的最佳時機。每一次怠惰拖延都會磨損我們非成功不可的決心，削弱我們堅決求勝的意志力。

當一個人充滿熱情和幹勁的時候，不管做什麼事情都顯得輕鬆自如，即使是困難的事也會迎刃而解。

相對的，如果不善加利用這些動力，一次又一次地放任自己推拖敷衍，就會發現自己對於認真做事感到倦怠，而且會感到自己設定的目標遠比當初艱難千萬

倍，因此越來越不願意付出努力或犧牲來達成。

千萬不要讓你心中的熱情冷卻，也不要讓理想的火焰熄滅。必須下定決心，大聲告訴自己：「我不能再渾渾噩噩虛度人生，我再也不要屈服於這種我不想過的生活。」

從現在起，激發自己的昂揚鬥志，振奮起自己的精神，朝著值得奮鬥的人生新目標大步前進吧！

心境決定你的處境

人要在心中培養對未來的理想，千萬不要陷入眼前的瑣碎事務不能自拔。未來是光明而美麗的，熱愛它吧。

——白朗寧

你爲什麼甘於過著平庸的日子？

只有那些不滿足於現狀、渴望著改變自己的人，才能將自己身上的所有潛能發揮得淋漓盡致，才能攀登更高層次的人生境界，才有希望達到成功的巔峰。

那些胸無大志、每天得過且過的人，總是感覺人生旅程荊棘遍佈，自己寸步難行。

他們往往對天性中奮發向上的積極力量百般加以壓制，因此缺乏開創人生遠景的進取心理，即使已經立定了志向，也無法持之以恆。

一個放任自己隨波逐流，沉溺於驕奢安逸生活的人，永遠也不可能締造出傲人的事業和功績。

他們明明知道自己僅僅發揮了極少部分的潛能，明明知道寶貴的生命能量正被毫無意義得事物一點一滴地磨損耗費，但是，卻一點不想改變現狀，絲毫不想讓自己的生命飛昇。

一個缺乏雄心壯志、精神萎靡不振、意氣消沉的人，永遠也不可能有什麼了不起的成就。

他們只想沿著昔日的生活軌跡繼續走下去，他們甘於過平庸的日子，逃避應盡的責任，想盡方法要使自己庸庸碌碌。

這種人的生活宛如無根的浮萍失去人生的目標，也像四處翻飛的柳絮覓尋不到歸宿。他們的人生步伐凌亂不堪，原本身上具有的某些潛能與特質，也因爲長久遭到棄置而逐漸荒廢消亡。

只有那些不滿足於現狀、渴望著改變自己的人，才能將自己身上的所有潛能發揮得淋漓盡致，才能攀登更高層次的人生境界，才有希望達到成功的巔峰。

理想過於平庸，過於單調乏味，沒有任何挑戰性，是一個人最大的生命危機。

許多人無法成大功立大業，是因爲他們根本不曾爲自己設定一個遠大的目標，或

者跟自己的能力相比，目標定得過於容易達成，一旦目標達成就不想再多費時間精力去努力了。

心境決定你的處境

思想活躍而又懷著務實的目的，去進行最現實的任務，這就是世界上最有價值的事。

——歌德《格言感想集》

只要努力，說話就會流利

要想成為一個辯才無礙的演說家，或者是舌燦蓮花的說話大師，唯一的辦法就是，透過不斷地自我訓練，如此才能順暢而優雅地表達自己的思想。

與現代人輕率、含糊的談話模式相比，古代人的談話藝術其實更有意涵。這種語言力量的退化，主要來自於現代科學文明徹底改變了人類的生活型態。因爲，在科技尚未蓬勃發達之前，人類除了面對面交談之外，幾乎沒有其他方式可以交流彼此的思想。無論是什麼哪一種類型的知識，幾乎都必須通過口語的方式進行傳播。

隨著文明逐步發展，人類開啓了嶄新的美麗世界了，而且隨著各式各樣的偉

大發明逐一問世，人類的溝通活動和行爲模式徹底遭到了改變，也更加多元。

有些性格比較害羞內向的人，每當他們絞盡腦汁想要談論一件事情，往往會發現自己不能流利順暢地表達自己的想法，心中因此產生自卑和沮喪的感覺，久而久之就會強烈地嫌惡自己。

事實上，大可不必用失敗的經驗來折磨自己。

遇到這種情形時，應該這麼安慰自己：許多著名的演說家第一次公開演講的時候，也有過相同的尷尬經歷，他們也會因爲自己說話語無倫次和支支吾吾，而羞愧得無地自容；只要我不斷自我訓練，說話一定可以和他們一樣優秀。

如果你想成爲一個辯才無礙的演說家，或者是舌燦蓮花的說話大師，唯一的辦法就是，透過不斷地自我訓練，如此才能順暢而且優雅地表達自己的思想。

倘使你在表達自己意見的過程中，突然發現自己精心演練的說辭不翼而飛，腦海之中一片空白，或者是你絞盡腦汁也找不到恰當的話語來傳達，顯得手足無措的時候，你必須立即進行心理建設。

你必須告訴自己放鬆心情，即使這一次自己所做的努力失敗了，其實也不要

緊，因為這樣的失敗經驗，將有助於自己在下一次談話時更加輕鬆自如。

人絕對可以克服因為不善言詞所引發的尷尬心理和自卑意識，以更加自然輕鬆的態度來與人談話。

只要不斷嘗試，你自然而然就會發現，自己的說話技巧在短時間內已經有了大幅進步。

心境決定你的處境

談話，是一種展銷思想小商品的交易，每個展銷者都過於關心自己貨物的陳列，而不去留意鄰人的貨物。

——比爾斯《魔鬼的辭典》

討論問題會讓腦袋更清晰

談話能夠挖掘一個人的潛力，能夠妥善運用各式各樣的機會和資源，能夠有效地刺激大腦進行思考。

就像鑽石必須經過精雕細琢，才能把它內斂的光華展現出來，一個人也必須經由談話來表達自己的想法，否則，別人很難了解他是否具備了深刻豐富的內涵。

想要拓展自己的智力和個性，最好的方式莫過於經常和別人一起討論各種建設性的問題，並且從中得出富有智慧和生動有趣的觀點。

當我們懂得使用流利清晰的語言，以及活潑生動的肢體來表達自己的思想時，我們的智力和個性實際上已經獲得了一次良好的鍛鍊。

建設性的談話能夠挖掘一個人的潛力，能夠妥善供應各式各樣的機會和資源，有效地刺激大腦進行深度思考。

如果我們能夠輕鬆自如地和別人談話，能夠引起別人的興趣並抓住他們的注意力，大腦的運轉的速度會變得更快，對自我價值提升的意識也會更加強烈。這種清晰流暢的談話能力，往往會增強我們的自尊心和自信心，同時散發迷人的魅力。

只有在認眞地透過交談和他人進行溝通時，我們才會全神貫注，感覺才會變得靈敏而細膩。這時，思想與思想之間的碰撞，心靈與心靈之間的溝通，經常會產生耀眼的火花和全新的力量，正如把兩種化學物質混合在一起，生成第三種全然部同的物質一樣。

一個人之所以能風趣幽默地談吐，通常是因爲他能夠掌握談話對象的性情，並且挖掘對方身上最優秀的內涵。

如果你想使自己在社交場合成爲一個受人歡迎的人，你就必須設法先去了解與你對話的人，並且旁敲側擊引出他們最感興趣的內容，藉此拉進彼此的心靈距

離。因爲，不論你對某個話題是多麼嫻熟，如果這個話題並不能令對方產生興趣，那麼，你的努力將會徒勞無功。

林肯總統是一位非常傑出的說話大師，據說，他在任何人面前都能詼諧風趣地談笑。他懂得運用生動有趣的故事，讓交談對象放鬆緊張的心情，所以，很多人在林肯面前都感到非常輕鬆自如，毫無保留地解除心防。

無論你擁有多高的天賦才華，受過多高深的教育，外表裝扮多麼出衆，或者擁有多麼龐大的財產，如果你無法用優美而恰當的語言表達自己的思想，你仍舊難以建立和諧而廣泛的人際關係。

心境決定你的處境

滔滔不絕，是一種說話機能的失調，最常出現的狀況是，患者在你想說話的時候收不住他的舌頭。

——比爾斯《魔鬼的辭典》

讓自己的話語充滿魔力

想要擁有非凡的談話魔力，秘訣就在於必須先充實自己的內涵。我們可以透過大量的閱讀，幫助自己成為一個高明而且深具內涵的說話大師。

在說話的時候，很少人會靜下心來仔細思考一下：應該如何表達自己的想法最妥當。

大多數人總是口無遮攔，順其自然地讓湧到嘴邊的話語脫口而出，從來沒有想過，在開口說話之前，其實應該事先在心中演練一番，然後使用最恰當的詞句說出，如此才能達到最佳的效果。

只有先在心中預先構思、預演一番，你說出的話語才可能是優雅、簡潔、清

晰、富有說服力的。

否則，從你嘴裡吐出的話語，往往會雜亂無章、前後矛盾，而且述說之時結結巴巴。

日常生活中，我們偶爾會遇到技巧高明的說話大師，當我們傾聽他們說話之時，會感到這是無比的愉悅和享受，這時，我們不禁會羨慕他們精湛的說話藝術，並且在心中對自己生悶氣：「爲什麼他可以把話說得這麼好，而我在說話的時候，總是顯得笨拙不堪？」

每當我們遇見舌燦蓮花、出口成章的說話大師，心中難免會浮起這種自嘆不如的想法。

其實，想要擁有這種非凡的談話魔力並不困難，秘訣就在於必須先充實自己的內涵。

我們可以透過大量的閱讀與思索，幫助自己成爲一個高明而且深具內涵的說話高手。

廣泛的閱讀對於談話藝術的精進有莫大的幫助，既可以使我們的視野更加開闊，對事物產生更新更深刻的看法，而且能夠增強自己遣詞用字的能力。

只要肯努力充實自己，很快的，你的話語就會充滿魔力。

心境決定你的處境

談話的藝術或是得體的交往，要則就是要有某種善於掌握自己的能力，時而抓住話題，時而避開話題，這均須視臨時的情況而定。

——愛默生《日記》

如何把話說得更有深度

假如你有志要成為一個能言善道的人，那麼，你必須盡可能和那些受過良好教育、具有優秀文化涵養的人交往。

在生活週遭，有很多人在高談闊論的時候，能夠使用精心錘鍊的話語和流暢清晰的詞句，來表達他們心中的想法。

那種行雲流水般的談話風格常常使我們著迷，但是，他們的影響通常僅僅於談話當時而已。

這是因爲，他們的話語缺乏深邃的思想可以影響、改變我們，也不能激勵我們更上一層樓。

因此，聽完他們的話語之後，我們並不會因此而產生奮發向上的熱情，也不會當下立定志向要完成某件非凡的事業，或者成爲傑出人物，我們的思想依然故我。

相反的，有一些人話語雖然說得不多，但是，當他們開口說話之時，卻充滿豐富的內涵和激勵人心的力量。

聆聽他們談話時，我們時時感覺到，自己被他們所營造的氛圍感染、被他們散發的無形力量激勵著。

除此之外，許多人擁有成熟深邃的思想、精闢獨到的見解，但是卻由於談話之時辭彙相當貧乏，以致於無法準確地表達自己的想法。

他們老是重複著陳腔濫調，無法生動活潑地表達自己的想法，因爲他們所擁有的辭彙嚴重不足，往往被狹隘的文句困住，當他們想精確地表達自己內心的想法時，根本就找不到適當的字眼。

假如你也有這種缺點，那麼，你必須盡可能和那些受過良好教育、具有優秀文化涵養的人交往。

相反的，如果你一味地孤芳自賞，不肯與有氣質涵養的人交往，那麼，縱然你受過良好的教育，你的說話藝術也不可能有所長進。

心境決定你的處境

長舌婦愛和你談論別人的事，討厭鬼盡向你談論他自己的事，只有饒富風趣的健談者，才會和你談談你自己。

——麗莎·柯克

PART 13

把握住機會才不會後悔

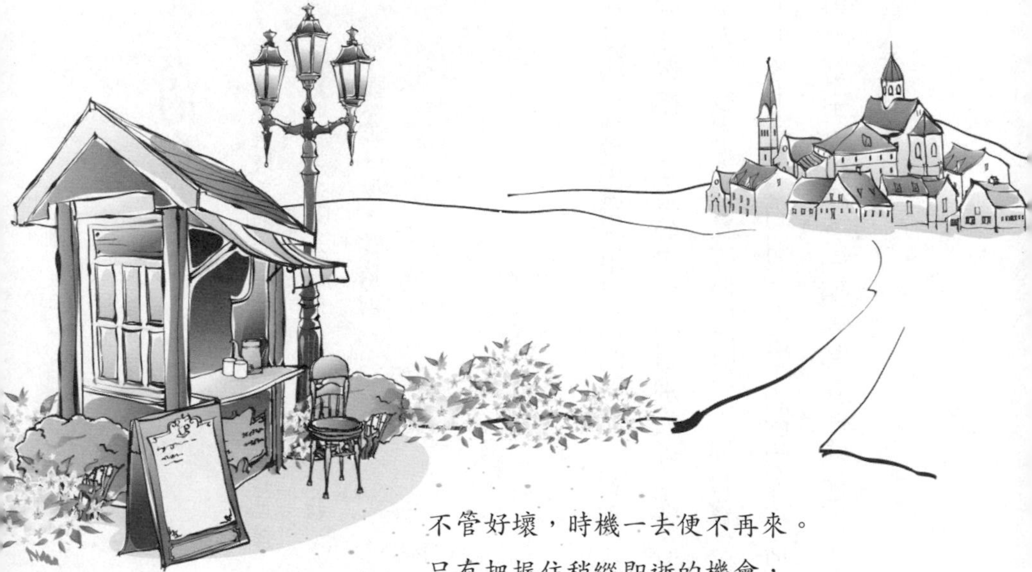

不管好壞，時機一去便不再來。
只有把握住稍縱即逝的機會，
並加以充分利用的人，
才可以做到真正的無所悔恨。

表現出最完美的自我

要使自己成為受人歡迎與敬重的人，首先必須要求自己擁有高尚的人格和堅毅的心志。唯有表現出「最完善自我」的人，才能成為受人歡迎、受人愛戴的人。

吸引朋友的最好方法，就是展現出自己的誠意，對別人時常表現出關心的態度。當然，你不能矯揉做作，必須發自內心對別人表示關心，對別人感到興趣。否則，久而久之，當人們發現你態度虛僞的時候，你將會失去所有的朋友。

有許多人一生中都交不到眞心的朋友，最大的原因在於他們總是注意到自己，全神貫注在自己的事務當中，抱持著「獨善其身」的態度，久而久之，便與外界疏於聯絡，而且不受人歡迎。

人生中最重大的事情，並不在於賺了多少錢，掙得什麼權勢地位，而是把我們內心最美好的天性、最崇高的力量盡情表現出來，使我們成爲充滿吸引力與受人歡迎的人。

要想受人歡迎，本身必須具備種種可愛的個性。小器、嫉妒、欠缺成人之美的雅量，不喜歡聽到別人優點的人，無法獲得知心的朋友！

要使自己成爲受人歡迎與敬重的人，首先必須要求自己擁有高尚的人格和堅毅的心志。唯有表現出「最完善自我」的人，才能成爲受人歡迎、受人愛戴的人。

心境決定你的處境

友誼的主要效用之一，就在使人心中的憤忿抑鬱之氣得以宣洩弛放，這些不平之氣是各種感情都可以引起的。

——培根《論友誼》

謙虛會讓你受益無窮

我們應該警惕自己必須保持虛懷若谷的態度，因為，人不會因為謙虛而失去任何東西，相反的，可以贏得別人的好感，讓自己受益無窮。

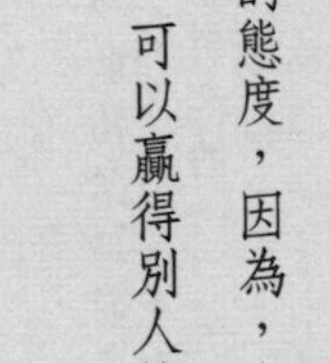

據說，大畫家威爾尼有天在日內瓦湖畔寫生，一個路過的婦人，不知道他就是鼎鼎有名的畫家，竟然對著他的畫作指指點點，接著大肆批評起來。面對這位婦人的批評，威爾尼始終帶著微笑，聽完後還相當有禮貌地向她說「謝謝」。

每個人都具備著某種出色的個性與才能，偶而得到別人讚許，並不表示自己絕對比別人優秀，因此應該表現謙虛的態度。

一個了解自己才能的人，必定也是個胸襟廣闊的人，既不因爲別人的讚美而驕傲自大，也不會因爲別人的批評而惱羞成怒。唯有這樣的人才懂得讚美別人的才能，並且表示敬意。至於器量狹小的人缺乏遠見，凡事以自我爲中心，只知拘泥於形式上的虛榮，試圖以此爭取別人的認同。

其實，一個擁有特殊才能的人，必須更懂得謙虛的道理，與其喋喋不休地誇耀自己的才能，不如斂藏起自己的才能和爭辯的心，而代之以謙虛的微笑。

我們應該警惕自己必須保持虛懷若谷的態度，因爲，人不會因爲謙虛而失去任何東西，相反的，謙虛的態度可以贏得別人的好感，讓自己受益無窮。

所謂的謙虛並不是虛僞矯飾，而是使驕傲自滿的心性變得細膩柔軟，唯有具備這種寬闊的胸襟，才能使自己成大器之財，不會拘泥於瑣事，不計較利害得失。

心境決定你的處境

人間可以吹噓的一切瘋狂行為中，最令魔鬼高興的是驕傲；它被降低到這樣的說法：蜒蚰會看不起蠕蟲。

——R・布拉夫

依自己的計劃行事

我們常常會把問題藏在心裡，時時刻刻地思索著。然而，處於這種焦慮狀態只是徒然浪費時間，使我們一事無成。

每一位有緣得以和美國詩人羅伯特·佛羅斯特談過話的人，都會爲他那滿是智慧的談吐折服。

他曾經說：「滿懷愁緒、生活忙碌的人們呀！把這句話放在心中想一想吧！好好品嚐一下這句單純的話語裡，所蘊含的關於時間與堅忍，希望與信心的深度意味吧！在我們日常生活中，有許多事是急不來的，心裡越急，這些事越容易折磨我們。」

因爲，許多眞正重要的事情，往往無法在一天、一星期或一個月裡完成，我們常常會把問題藏在心裡，時時刻刻地思索著。然而，焦慮無法解決任何事情，處於這種焦慮狀態只是徒然浪費時間，使我們一事無成。

當一顆橡果從橡樹上掉下來後，硬殼會裂開，散佈四處，並開始萌芽生根，儘管它並沒有同太陽和雨露約定，要在某一時期內長成一棵橡樹。可是，在太陽和雨露的照拂之下，它會茁壯成長，最後樹蔭成蓋。

人生也是如此，我們應該充滿信心地讓許多計劃或問題漸漸成熟，最後獲得圓滿的解決。當然，這並不是說要讓所有的問題推遲延宕，而是提醒自己不管遭遇什麼事情，都要保持沉著鎮定的心境。

心境決定你的處境

人在逆境裡比順境裡更能堅持不屈，遭遇厄運比交好運時更容易保全身心。

——雨果《笑面人》

把握住機會才不會後悔

不管好壞，時機一去便不再來。只有把握住稍縱即逝的機會，並加以充分利用的人，才可以做到真正的無所悔恨。

美國作家海爾曼說：「有一天，當你發現自己的境遇都是自己造成的，而非源於意外、時間或命運，那是多麼悲哀的事。」

其實，每一次打擊，都是學習的機會；每個危機，都是另一個成功的轉機。

如果順境讓我們失去了追求的動力，如果逆境讓我們失去了對未來的憧憬，那麼，順境與逆境對我們都不具任何意義。

當我們在自我反省的時候，最悲哀的莫過於追悔，懊惱爲什麼沒有充分把握時機，總是表現得不夠好。

當我們仔細檢討自己所做的一切，我們常常會對自己說，下一次就不同了。可是，實際上我們所犯的錯誤，往往是這一次和下一次一樣嚴重，因而常常一而再的失敗。

當然，人不能看透將來，所以在事情還沒有發生之前，我們不用太爲可能發生的危難而哀傷。現在盡力去做好每一件事的人，才是最快樂的，我們可以做得到的也只不過如此。

我們可以只想到眼前這一片刻，全心貫注於此。也可以控制自己的思緒，只注意眼前，不徘徊於往昔與未來，不去追索早已忘記的事，或想下一步要怎麼樣做。

要這樣把握住現實是不容易的，可是，事後檢討爲什麼我們當時會有這樣的錯失，卻比這還要困難。

事實上，我們之所以會倉皇失措，都是因爲我們無法集中全部注意力，去面對眼前的人物與機會。

只有把握住稍縱即逝的機會，並加以充分利用的人，才可以做到眞正的無所悔恨。

不管好壞，時機一去便不再來。這時機是屬於我們的，我們完全可以按照自己的意志加以運用。

心境決定你的處境

無論大是還是小事，只要自己認為辦得到的，就要堅定地去辦，這就是性格。

——歌德《格言感想集》

你所下的功夫絕對不會白費

常抱持著「功夫總不會白費的」的想法，你所做的會使你或週遭的人們，對人生有全新的看法與領悟，甚至增加物質上的財富。

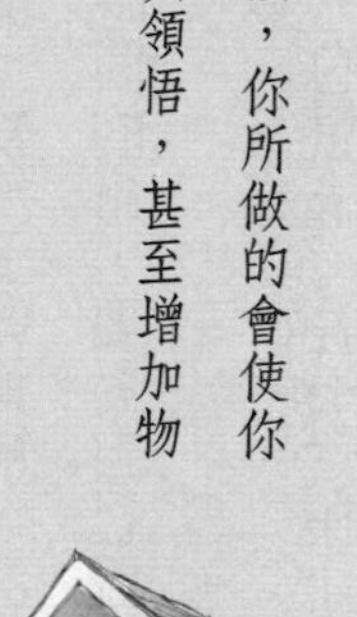

「你所下的功夫絕對不會白費。」

這是一位英國作家掛在嘴邊的口頭禪。即使雜誌把他自認爲寫得頗爲有趣的文章退回來了，他也會樂觀地告訴自己：「總有一天我會在別的地方用上它，我所下的功夫絕對不會白費的。」

後來，這位英國作家一時興起，到下議院任職了很長一段時間，使他的寫作生涯中斷了十四年。

在那個年代，當一位小說家是一個很有前途的事業。

因此，許多朋友都不贊同他進入國會做事，但是，他相當堅決地說：「我所下下的功夫絕對不會白費。」

從此，在寫作的事業上，他遠遠落在人後，當別的作家紛紛出版著作的時候，他卻在準備講稿、演說、聽別人演說、研擬法令條文。

不過，十四年來，他在對人對事對物方面卻學到了許多寶貴經驗，因而，他始終覺得這一段時間沒有白費。

其實，這位英國作家的處事態度也同樣適用於每個人。我們必須經常告訴自己：「我所花的精力，總有一天會發揮作用……」

譬如，你在病床邊慰問親友或參加會議、教孩子做算術、洗碟子、玩填字遊戲，或是做任何一種自己或別人認爲浪費時間的事，要對自己說：「功夫絕對不會白費」而從中得到寬慰。

如果你常抱持著「功夫總不會白費的」的想法，說不定在什麼時候，你所做的會使你或週遭的人們，對人生有全新的看法與領悟，甚至增加物質上的財富。

記得要常常說：「所下的功夫絕對不會白費。」因爲，這樣的想法，對一個人的良知也有很大的幫助。

心境決定你的處境

當一個人看清自己的航行路線是多麼迂迴曲折時，他最好依靠自己的良心做領航員。

——司各特

你還沒到達巔峰狀態

假使一個人有了一點點成，就變開始驕傲自滿，以為自己達到了顛峰狀態，那麼，他的事業無可避免地就要從此開始下墜。

成功人士最常見的共同特徵，就是不論在各種地方，都要求自己努力創新精進，惟恐自己的事業衰退，惟恐自己的競爭力落後。

任何人都不應該在事業剛成長到某個階段時，就顧盼自雄地滿足於現狀。應該超越自己的驕傲心理，勉勵自己不斷地突破超越，如此才能繼續向上躍昇。

假使一個人有了一點點成，就變開始驕傲自滿，以爲自己達到了顛峰狀態，那麼，他的事業無可避免地就要從此開始下墜。

高爾基在短篇小說《時鐘》裡寫著：「追求進步，這才是真正的生活目的。讓整個一生都在追求中度過吧，那麼在這一生中必定有許多美好的時刻。」

每天早晨開始工作的時候，你都應當下定決心，要求自己無論如何要比昨天更進步。有了這樣的決心，你就會把事情處理得比昨天更快更好，傍晚離開你的辦公室或工作場所時，心中就會感到無比的踏實。

如果你每天都要求自己進步一點點，日積月累之下，或許一年以後，你就會驚訝地發現，你的工作效率或事業方面的成長，有著神奇而傲人的進展。

精益求精、追求進步的習慣是會傳染的。假使身為領導者有著這種精神，在下位的人將會受到這股精神力量的感染，同樣努力於追求工作上進步。

心境決定你的處境

當一個國家的年輕人都因循守舊時，它的喪鐘便已敲響了。

——比徹《佈道壇的箴言》

用溫和的態度把憤怒說出來

只要用溫和的態度把你的憤怒說出來，讓對方知道你心中的感受，就可以消除人際關係上的煩惱。

人與人相處，免不了會發生摩擦和齟齬，當你覺得自己受到傷害、侮辱、冤枉的時候，你會如何處理自己的情緒？

莎士比亞曾經勸告過我們：「不要輕易燃起心中的怒火，它燒不了敵人，只會灼傷自己。」

是的，要超越自己千萬不要輕易動怒，應該暫時忍下心中的憤忿與衝動，如此才能冷靜找出癥結所在。

在忙碌的日常生活，我們很容易誤會別人的言行舉止，只有非常機靈的人才從不冒犯他人。

一旦人與人間有了誤解與隔閡，受委屈的一方便會心存種種疑慮，使敵意的種子在幽暗中漸漸滋長。

人與人之間非常容易受到誤解，如何尋得諒解呢？

依我親身的經驗，我們可以從詩人柏萊克的話語中獲得解答，他勸告我們說：「用溫和的態度把你的憤怒說出來，一定要找出究竟什麼地方不對。」其實，答案往往簡單得令我們訝異。

也許是我們嚴重誤解了別人的意思，也許彼此已經累積了許多不快，只是這一次特別嚴重，所以就爆發了。也許這個人有點神經質，只要一衝動就會冒犯別人，事後自己也感到非常懊悔。

不管原因如何，只要用溫和的態度把你的憤怒說出來，就可以消除人際關係上的煩惱。

當我們生朋友的氣時，當然可以選擇不說出來，但是這樣一來，會使我們的怒氣愈來愈大。

所以，除非你願意讓怒氣持續滋長，使彼此的關係決裂，否則最好讓他立刻知道你的心中究竟是何感受。

把憤怒說出來，雖然說起來很簡單，但是一般人卻做不到。

我深信，如果你要戰勝自己的情緒，保持良好的人際關係，這是值得遵守的座右銘。

心境決定你的處境

一個勇敢而率真的靈魂，能用自己的眼睛觀察，用自己的心去愛，用自己的理智去判斷；不做影子，而做人。

——羅曼羅蘭《先驅者》

小心來路不明的禮物

好處不會平白無故地從天上掉下來，當你接到來路不明的「贈禮」，還是小心為妙，否則，一時貪心，可能造成一輩子的遺憾。

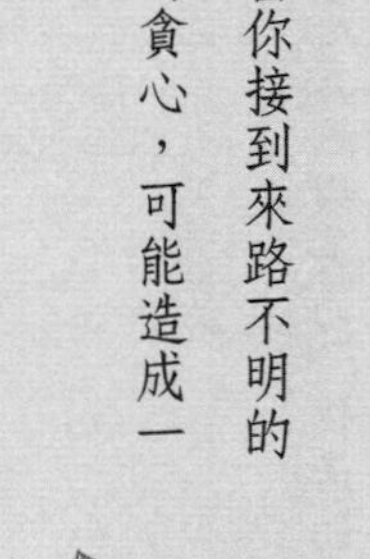

現代人生意腦筋動得快，抓準了一般人貪財好利的天生弱點，不管是買東西還是申辦信用卡，只要購買到一定的額度，就可以參加抽獎或是兌換贈品，要不然填問卷、留資料也行得通。

許多人總會心想，不過填個資料嘛，有什麼了不起，寫個姓名、住址就能夠換得贈品，何樂而不爲？但是，不要忘了，生意人哪有盡做虧本生意的呢？很多人的電話住址就這麼變成一筆筆人頭資料，在黑市裡成爲待價而沽的商品，接著很多人就會不斷接到推銷廣告，更慘的是變成詐騙集團鎖定的對象。

總之，好處不會平白無故地從天上掉下來，當你接到來路不明的「贈禮」，還是小心爲妙，否則，一時貪心，可能造成一輩子的遺憾。

所以，我們在做出決定的時候，必定得要多加小心謹慎。

不久前就有一個例子，幾位年輕人出國旅遊，因爲貪圖小利而答應幫陌生人託運行李，不料那箱行李之中竟夾帶有毒品，不僅他們立刻被航警扣押，連帶整團旅客都被迫要進行檢查，不但錯過了班機，還差點回不了國門。

原本看起來無傷大雅、何樂而不爲的決定，到最後卻變成超級大麻煩，始料未及的結果，使得一趟好好的旅行因此蒙上陰影，實在得不償失。

心境決定你的處境

唯有愛心和良心兼備的人，生活才會是真正甜美的、快活的、充滿意義的。

——俄國作家托爾斯泰

PART 14

偏見是無形的殺手

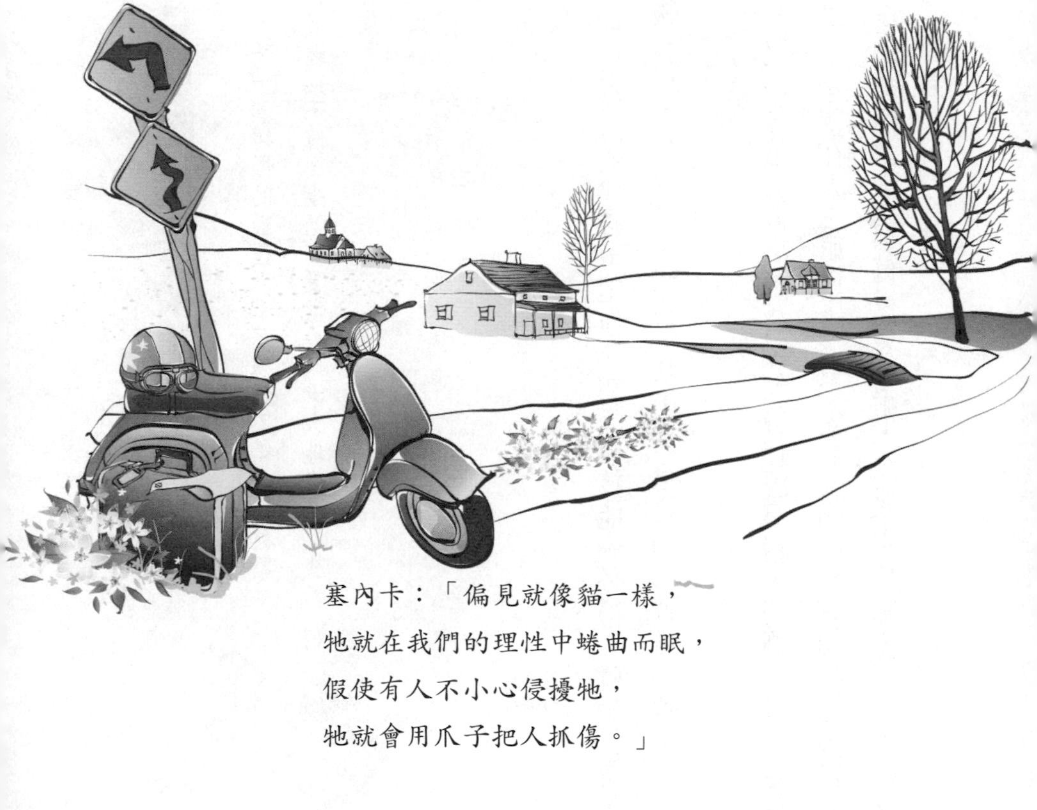

塞內卡：「偏見就像貓一樣，
牠就在我們的理性中蜷曲而眠，
假使有人不小心侵擾牠，
牠就會用爪子把人抓傷。」

追求快速只會降低快樂的程度

人生的成熟，是一個緩慢的過程，千萬急躁不得。焦急不耐的結果是欲速則不達，生活質量俱差，大大地降低了我們快樂的程度。

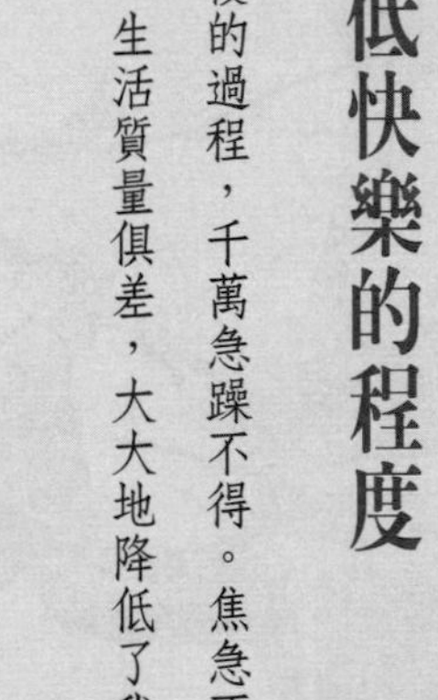

人生的代價，就是發展和成長；工作、知識與技能的獲得，就是日常生活的實踐，使身心日趨成熟，心靈日益完善。其中最重要的，就是「時間」與「忍耐」。

這是一個性急而一切講求速度的時代，無論什麼事情，我們一旦決定要做，就巴不得立刻完成，不希望在人生旅途中浪費太多的時間，只希望快些到達目的。

爲完成一件工作，我們常常表現得焦急不耐，至於工作的態度、工作的品質，

往往不優先考慮。

我們所關心的，只是快些獲得工作的結果。

不論上班、訪友，或到較遠的地方去，我們都是以汽車代步，目的就是要去快回。

於是，旅途上的美妙風光，我們就無暇欣賞了。

不幸得很，這種不耐煩的性急，導致的結果是欲速則不達，質量俱差。因此，在大量生產的制度下，細密而熟練的手藝變成了鳳毛麟角。而且，一旦提到了日常生活的愉快，往往因爲我們無法享受而大大地降低了快樂的程度。

無論如何，這種焦急成性，終會造成大禍臨頭。因爲我們一切求快，企圖一舉達到最完美的境界，結果反而弄巧成拙。

我們希望不經過童年及青年時代，一下子就到達成人的境地；我們希望不經過學徒的時期，就立刻成爲一位專家；不經過適當的訓練，就能獲得熟練的技巧。換言之，我們不事耕耘，就想得到收穫；不付代價，就想獲得報酬。這簡直不可思議！

人生的成熟，是一個緩慢的過程，千萬急躁不得。

它是許多個別的能力、技巧與力量逐漸發展的結果。最後，把這一切統整於一個生活的單位中，這個單位就是一個身心平衡、知足常樂、受過良好的教育，而臻於成熟的個人。

心境決定你的處境

激勵人們自力更生、艱苦奮鬥的苦難，對人是百利而無一害的，這遠比漠然、散漫、慵懶地打發時間，要強太多了。

——西蒙·斯邁爾

搭起友誼的橋樑

人們要努力脫離原來的冷漠寡情的分立狀況，而求改善人與人間的關係。每一個人都應該搭起友誼的橋樑，與別人進行心靈交流。

亞里斯多德曾在他的著作《倫理學》當中告訴我們：「如果沒有知己，誰也不願意留在這個世界上。」

確實如此，友誼讓人感到愉悅，在群居的人類社會中，友誼就像是生命不可或缺的陽光、空氣和水。當世界上只剩下自己一個人的時候，我們一定缺乏獨自活下去的勇氣，也不能發現自己的眞正價值。就像魯賓遜在孤島上生活時，他只能算是一個很靈巧的動物，直到「星期五」來了，他才又成爲一個眞正的人。

英國幽默戲劇家蕭伯納說：「對待他人，最壞的方式不是憎恨，而是冷淡；這是最不人道的行為。雖然我們愛人的方式往往極為抽象，但我們至少可以不漠視他人，可以培養對他人的關懷，常常用各種方法同人們聯繫。」

心靈交流就如同人體的肌肉一樣，如果你不使用它，它便會萎縮；如果你常常用，它便會繼續發展下去。仔細看看自己身邊的那些面孔，好好地凝視一下。這時，你會發現，在那一對對眼睛後面，都有一個完整的生命，就同我們自己的生命一樣複雜、神秘而又有趣。

就在這一瞬間，你會感覺到那個生命產生的魅力，當你從他身邊走過的時候，一定會爲上帝創造的這樣獨一無二的奇蹟而歡呼。

心境決定你的處境

事上最無謂的事，就是按照鐘聲安排自己的行動，而不按照正常的理性與智慧的裁奪。

——拉勃雷《巨人傳》

懂得如何自制

這是一個大人不知滿足，孩子多被寵壞的時代。我們無論是對自己，或是對孩子，往往不再強調要如何自制。

在我們的一生當中會有許多機會，可是同樣的，我們也會碰上許多的危險，放縱自溺的人永遠也無法在人生的征戰爭中獲勝。

美國南北戰爭時期的名將李將軍，有一次應邀前去參加一個朋友孩子的洗禮，孩子的母親請他說幾句話，以作爲孩子漫長的人生旅途的座右銘。李將軍將自己歷經征戰苦難，以至最後榮獲美國史上崇高地位的殊榮，歸納成一句極簡短的話：「教他懂得如何自制！」

從這樣一位偉大的軍人口中說出「教他如何自制」這一訓言，眞是出乎衆人意料之外！

這是一個大人不知滿足，孩子多被寵壞的時代。我們無論是對自己，或是對孩子，往往不再強調要如何自我克制，相反的，只一味在意自己的需要。

我們似乎覺得這個世界虧欠我們太多美好的東西，如果我們不竭盡所能地去爭取，就會虛度此生。

其實，學習如何待人處事，並體認這世界對我們的要求，恐怕要比我們要求世界要來得重要。

「自制」無疑是一門艱深的學問。

近年來，許多人都不再辛勤工作，無論在道德上或是在智能上，都已經顯得萎靡不振，這是個人與國家的致命傷！所以，我們有必要細細體會李將軍所留下的教訓。

日常生活中要懂得自制！

這樣做，我們或許會因此喪失許多使自己歡喜的、又好又舒服的享受。可是，唯有懂得自制，我們才可能致力於開創一番偉大崇高的事業，唯有懂得自制，我們才會超越自己，趨向偉大！

心境決定你的處境

教養決定一切；桃子從前本是一種苦味的扁桃，捲心葉只是受過大學教育的黃芽罷了。

——馬克吐溫《傻瓜威爾遜》

珍惜過去的美好記憶

真正把過去珍藏起來的人，不會悲悼那些消逝的黃金時代，
因為記憶中的歲月不再消失。

莎士比亞在他的戲劇中，曾經透過泰爾親王的口這麼感嘆：「時間是世人的君王，是他們的父母，也是他們的墳墓。它所給予世人的，只憑自己的意態，而不是按照人們的要求。」

我們的生活在酸甜苦辣當中度過，美好的時光給我們的是任務，不良時光給我們的是負擔。

有位哲人說，記憶是一座寶藏，裡頭珍藏著我們最有價值的財產，美好的記

憶會使我們的生活更有意義。

美國田園作家梭羅回憶起自己童年時常徜徉的瓦爾登湖時，曾經寫道：「我很富足，縱使在錢財上我不算富有，但至少我有許多夏日炎炎午夢長的好日子。」

梭羅小的時候，伐木機和被稱爲「鐵馬」的火車，對優美的湖光山色還沒造成嚴重的破害。孩子們可以到瓦爾登湖上遊玩，躺在小木船裡，懶洋洋地讓小船在湖面上漂流。有的小孩喜歡泡在水中，看著燕子在四周飛來飛去。

梭羅很喜歡回想這種閒散的童年時光，他在《湖濱散記》裡就曾寫道：「在這時候，閒散是最吸引人，也是最具有創造力的。」

我幼時也喜愛這樣的小湖，和夏日炎炎午夢長的童年歲月。如今，夏天的艷陽依然未變，可是當年的同伴和小湖卻在生命中消逝了。因爲孩子們已經變成大人，彼此失去了聯絡，而小湖也被城市吞併了。

以前鷺鷥歇息的沼澤地帶，現在已經蓋滿了房屋。以前盛開著優雅百合的水灣，現在已經消失不見。

總之，童年時所喜愛的一切，已經蕩然無存，所殘留的只是腦海中的回憶。

你是不是也有相同的感受？

有許多人只顧今天和明天，日子顯得非常貧乏。我們今天所能做的事，往往微薄而又乏味，一下子就忘記了，至於許多打算在明天做的事，又往往不能實現。只有過去才是最有價值的財產，才能使我們的生活顯得更有意義。

眞正把過去珍藏起來的人，不會悲悼那些消逝的黃金時代，因爲記憶中的歲月不再消失。

心境決定你的處境

青春時期是一個人最豁達的時期，應該利用這時期養成自己豁達的性格。

——羅素

偏見是無形的殺手

塞內卡：「偏見就像貓一樣，牠就在我們的理性中蜷曲而眠，假使有人不小心侵擾牠，牠就會用爪子把人抓傷。」

英國童話故事《愛麗斯夢遊奇境記》中有一個黑桃皇后，有一次當她在處理一樁偷車案件時曾說：「先判刑，然後再審問！」

在童話中，這樣的做法會使小孩子覺得有趣，然而，倘使現實生活中我們也採用這種輕率的態度，便會製造出許多衝突與對立，爲自己的人際關係帶來無窮的困擾！

人性中有許多缺點會傷害他人，其中以偏見最爲厲害。因爲，偏見是心靈的

「眼罩」，會使人變得盲目、專橫、粗暴，看不見慈愛與理性的光輝。因此，心存偏見的人，常常固執己見，不肯敞開心胸，容納別人的「異見」。

古羅馬哲學家塞內卡曾經形容說：「偏見就像貓一樣，有九條性命，甚至有十九條性命。牠就在我們的理性中蜷曲而眠，假使有人不小心侵擾牠，牠就會用爪子把人抓傷。」

如果說偏見的產生並非出於惡意，那麼一定是由於無知。偏見使人固執、殘酷，像斷頭台前的劊子手一樣毫無憐憫之心。

偏見日積月累之後，會使人變得冥頑不靈，不容旁人置喙，所下的決定完全沒有理性的根據。

有時，我們碰到另外一個種族的人，馬上會覺得不高興。爲什麼呢？我們只是直覺地感到他們與我們不一樣，於是心中的不悅就油然而生。這似乎說明了每個人的心中都有偏見的種子。

我們不僅輕視不同種族的某個人，就連他的全族人都會輕視，他所處的那個團體也覺得不可輕信。

種族間的偏見，漸漸演變成種族間的仇恨，這是今日世界最可怕的一件事。它會助長邪惡，培植苦難，製造戰爭。

其實，只要我們設法去了解別人，設身處地爲別人想一想，我們就會發現人心到處都是一樣的。可是，我們往往有悖於理智，而去仇恨不同種族、不同膚色，以及信奉不同的宗教的人們，把他們想像成邪惡的壞人。

這種偏見是極爲可笑和可怕的，人如果老是以自己的尺度來衡量他人，抱著自以爲是的偏見在現實社會中生活，將是何等愚蠢！

心境決定你的處境

如果別人心地高尚，伸出友誼之手，而你卻疑神疑鬼，我認為那是卑怯的行為。

——莎士比亞《亨利六世》

善用失敗便能成功

林肯深信自己肩負歷史的使命，因此他總是慎用自己的能力，碰到多數人都不能忍受的艱難與挫敗時，仍能繼續勇往直前。

失敗的時候要設法超越，永遠不要沉陷失望的深淵，縱使你眞是失望了，也要繼續在失望中工作下去！

想要治好失望所帶來的恐懼，最好的方法是記住林肯的故事，因爲他的成就，實際上是從失敗中闖蕩出來的，他的人生歷程會讓你產生無比的激勵作用。

從以下所列出的經歷，我們可以看出，在林肯當上選總統之前的三十年歲月中，曾經遭遇多次挫敗，由於他善於運用失敗，最後終於獲得成功。

一八三二年，失業，希望參選議員失敗！
一八三三年，經商失敗。
一八三四年，被選為州議員。
一八三五年，愛人死亡。
一八三六年，精神失常。
一八三八年，發表演說失敗。
一八四三年，角逐國會議員提名失敗。
一八四六年，當選國會議員。
一八四八年，未被再度提名。
一八四九年，想轉任地方官失敗。
一八五四年，競選參議員失敗。
一八五六年，角逐副總統提名失敗。
一八五八年，競選參議員失敗。
一八六〇年，當選總統。

林肯深信自己肩負歷史的使命，因此他總是慎用自己的能力，始終保持謙遜。

這讓他在碰到多數人都不能忍受的艱難與挫敗時，仍能繼續勇往直前。

心境決定你的處境

習慣是很難打破的，誰也不能把它從窗戶裡拋出去，只能一步一步地哄著它從樓梯走下來。

——馬克吐溫《傻瓜威爾遜》

你為什麼會沈淪在負債的苦海？

如果你不妥善規劃自己的財務支出，揮霍無度，入不敷出，那麼勢必會使你債台高築，沈淪在負債的苦海而難以超拔，日子又怎麼快活得起來呢？

很多人都有共同的感觸，不知怎的，才剛剛到手的整筆錢沒幾天就花光了，而且記不清如何花掉這些錢，總是覺得自己並沒花過多少錢，但是一轉眼就口袋空空了。這是因為我們忘掉了，錢是會化整為零的，只要不注意自己的開銷情形，累積許多次的「小小花費」，就會讓整筆錢在不知不覺中從指縫間溜走。

一個收入微薄的人，要是不節制自己的開支狀況，勢必會陷入入不敷出的經濟困境。因此，必須做好當月的支出預算，先將必需的開支列出，譬如房屋租金或貸款、伙食費用、交通費用……等等。

此外，應當儘量挪出一筆金額作爲儲蓄之用，以備不時之需。

如果你能採用這個原則，並且切實地執行，那就能在收支平衡中優遊地生活，並且還能夠擁有積蓄。

英國大作家狄更斯曾在他的一部小說裡說：「如果你的收入是二十先令，你只花十九先令又六便士，這表示你的人生是幸福的；但如果花二十先令又六便士，這就表示你的人生一輩子是苦惱的。」

因爲，如果你不妥善規劃自己的財務支出，揮霍無度，入不敷出，那麼勢必會使你債台高築，沈淪在負債的苦海而難以超拔，日子又怎麼快活得起來呢？

心境決定你的處境

金錢所擁有的力量，不僅僅能使高貴的人更加雍容華貴，也完全可以使卑賤的人，變得更加墮落。

——蕭伯納《巴巴拉少校》

做好手邊的工作

把自己手上的事情做好，那麼，所產生的影響便會像漩渦一樣擴展開，使我們在人群中的地位遠比自己所想像的還要重要。

當我們疲憊或沮喪的時候，往往就會對自己的日常工作產生厭倦和疑惑：「我做的這一切，究竟有什麼用處？」

當你處在這種情況下，我奉勸你應該戰勝自己的情緒，肯定地告訴自己：「我要更努力從事目前的工作，因爲這工作對我的一生有著極大的關係！」

假使你能在自己目前的工作崗位上，把手頭的工作做好，使自己顯得相當重要，那麼你就能更上一層。如果你能認眞做好自己應該做的事，根本不用去鑽營強求，一定會有更重要的職位等著你。

每個時代都有許多令我們欽羨的偉大人物出現，可是，我們必須記住一點，那就是任何成就豐功偉業的大人物，成功的要訣都是先把手邊的工作做好。

其實，許多偉人都不曾預料到自己會有如此崇高的地位，他們只是做好手上的工作而已，可是他們所立下的表率，遠遠超過了一些浮誇不實的人物。

經驗告訴我們，當我們頹唐沮喪的時候，也許正是我們開創嶄新時代的開始。

如果我們能下一番功夫，把自己手頭的事情做好，那麼，我們對這社會所產生的影響便會像漩渦一樣擴展開來，使我們在人群中的地位遠比自己所想像的還要重要。

心境決定你的處境

最普通的工作，沒有動手以前，總覺得又費時又費勁；關鍵問題就是要開動腦，考慮好了，一做就成。

——克雷洛夫《小箱子》

PART 15

不要急著妄下論斷

我們會在說別人閒言閒語的時候，
輕蔑地否定他人，
或只憑著蜚短流長，
就侃侃然地下判斷，
根本不理會是否有證據。

環境是成功的試金石

古羅馬時代的思想家塞內加曾經說道：「烈火可以試驗真金，逆境可以考驗強者。」

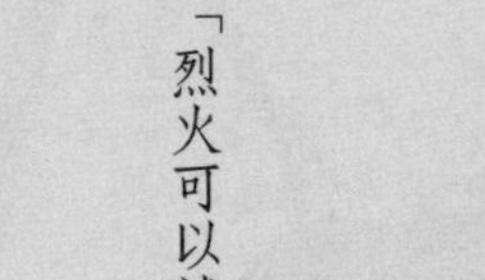

一個人的力量，如果未經歷過重大責任試煉、激發，那麼，一輩子只能當個弱者。一個人如果只知道唯唯諾諾地執行別人的命令，不會根據自己的意志思考行動，那麼，久而久之就喪失了思考行動能力，成了別人的傀儡。

創造性的力量，是應付非常狀況的力量，也是不斷發揮自己的才智去應付艱難環境，尋出解決方法的力量。這種力量可以使一個人無畏無懼面對危急存亡的局面，這種力量只有在承擔起重大責任之下，才能鍛鍊出來。

有人以爲，假使一個人生來就擁有某些特殊本領，那麼不論如何，這些本領遲早總會顯露出來。事實上，這是一種錯誤的觀念。

儘管每個人都有各自的特殊本領，但是，爲什麼有的人可以顯露出來，有的人卻終其一生也顯露不出來呢？

關鍵就在於環境的催化作用，能不能顯露本領，全視一個人是否置身於足以喚醒生命潛能的環境。

必須記住，生來就有非凡本領的人，未必就是擁有自信力的人，也未必就是擁有非凡成功的人。

把重大責任擱上一個人的肩上，或者讓他身陷絕境，那麼在現實情勢的要求下，自然能把這個人內在的全部力量發揮出來。

古羅馬時代的思想家塞內加曾經說道：「烈火可以試驗真金，逆境可以考驗強者。」

環境可以催喚出一個人的創造力、智力、自信力，以及解決困難的力量。假使他的生命潛能中，有做大人物、做領袖的特殊能力，「責任」也可以把它催喚出來。

所以，朋友，假使有重大的責任擱在你的肩頭，你應當要十分欣喜而坦然地迎向它。因爲，它或許就是你即將成功的預兆！

心境決定你的處境

苦難有如烏雲，遠遠望去但見墨黑一片，然而身臨其下時不過是灰色而已。

——里希特

讓自己青春永駐的最好方法

藉助各種有意身心的活動，能陶冶自己的性情，使老年之後保持愉快、輕鬆的心境。

英國著名的文學家約翰遜曾經過說：「一個上了年紀的人，假使不再結交新朋友，認識新事物，那麼他會覺得很孤獨。」

有一個朋友是一個大城市的圖書館管理員，整天都與一些上了年紀的人接觸。他發現，他們有時很迷惑，有時很不高興，有時會爲自己的現況而生氣。他們的種種行爲和議論觸動著他的思緒。

他雖尚未衰老，但也不算太年輕，有一天，他突發感到害怕：「自己過了幾年後會不會也變成這樣呢？」

後來，他發現所有的問題核心是在厭煩，因爲有許多人因爲孤獨和懶散，所以對自己的問題想得太多了。

想要不厭煩有什麼好辦法呢？他找到的答案便是：「要和外面的世界和觀念多接觸，以便忘記自己。」

爲了要避免厭煩，他訂出幾條原則，並經過自己的親身體驗，發現這幾條確實可增加日常生活的快樂因子：

一、實地參加慈善活動，另外，試著與人交往，以便認識更多新朋友和新團體。

二、在自己的事業圈子裡，仔細挑選幾個年輕人，試著教他們如何成為和自己一樣敬業合群的人。

三、開始培養一些正當的嗜好，以便自己年紀漸大後，有適度的休閒娛樂時間，不至於暮氣沉沉。

借助上面這些活動，便能陶冶自己的性情，使我們到了老年之後保持愉快、輕鬆的心境。

到了自己要讓位給年輕人的時候，一定要表現得很有風度，毫無悔恨或嫉妒。因爲，我們都希望自己不僅僅擁有過去的歷史，我們還要繼續開創未來。

心境決定你的處境

我們還年輕，我們不是怪物，也不是傻子，我們自己來爭取自己的幸福吧。

——屠格涅夫《前夜》

每天都會給自己另一個新機會

一個人如果正從事有價值的工作，他就不會停下來評估自己工作的成就。

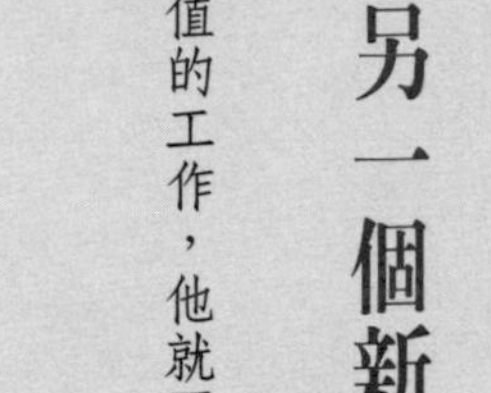

洛麗泰修女任教於美國威斯康辛州的哥倫布高等學校，專教自然科學課程，是全美聞名的女教師。

連續五年，她教過的學生都會有一個被西屋公司網羅，因此她教的學生被公認爲具有科學才幹。

她教學所用的秘訣是儘量激勵學生。她每天在黑板上寫一句格言，天天更換。

下面是她常寫在黑板上的十七條格言：

1. 你所不知道的東西，只要肯學，總是能學得到的。
2. 少說話，多思想。
3. 工作的精義在於注意力集中。
4. 每當你說話的時候，你的心就在遊蕩。
5. 每天都會給你另一個新機會。
6. 心胸狹窄的人談論某些個人，一般人議論某些事件，偉大的人討論某些觀念。
7. 所謂智慧，就是知道下一步做些什麼。
8. 你懂得愈多，就會覺得你該知道的東西需要量越來愈多。
9. 有些人是真正成長，其他人往往只是身高和體重增加而已。
10. 一件事，如果今天做得很對，明天就不會有麻煩。
11. 工作的時候，最主要的不是工作內容，而是工作態度。
12. 因為你老是惦記工作的負擔，才使你疲勞。
13. 你應該以自己的精神懶散為恥。
14. 想要把工作做得好，先得愛上你的工作。

15. 時間決不等待任何人。

16. 一個人如果正從事有價值的工作，他就不會停下來評估自己工作的成就。

17. 科學顯示信仰的奧秘。

心境決定你的處境

所謂內心的歡樂，是一個人過著健全的、正常的、和諧的群居生活，所感受到的那種喜悅。

——邱吉爾

妥善發揮語言的力量

如果沒有聽說過一些安慰與鼓勵的話語，就不可能使人們為了某些崇高的理想，而堅定信心去走艱難的道路。

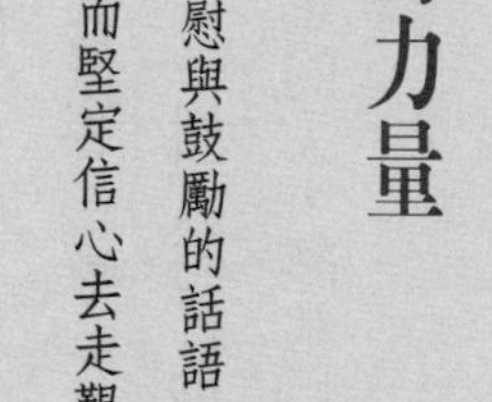

舌頭的力量勝過任何鋒利的刀劍。言語可以使一個民族激勵奮發，也可以顛覆、毀滅一個國家！

英國克倫威爾將軍手下的洛司培萊伯爵，曾這樣讚揚克倫威爾將軍：「他的話，抵得上他一半的戰績。」

美國總統林肯留下的話語，已經成爲美國語言遺產的一部分，經常被美國民衆所引用。英國首相邱吉爾則曾經靠著言詞雄辯，拯救了大不列顛帝國。

不過，語言也有不好的一面，因爲，人的話語往往非常殘酷，就如同都市裡到處闖禍的汽車一樣。例如，有些報紙專門登載一些負面新聞，由於許多人喜歡看這類新聞，使這種報紙銷路非常好。

爲什麼善良的人會沉溺於負面主義的情緒之中呢？

或許，這源自於許多心靈導師的怪脾氣，因爲，他們常常習慣說些使人黯淡的話。有的人本意是要勸人們勿驕傲，可是卻用錯了方向，使人們擁有灰色的心態。

要替心裡痛楚的人們找一些安慰，這是天使在人間的工作，可是結果卻使心理貞誠的人，不知不覺地沉淪在失望之中。

如果你經常與造物者接觸，便可以體悟到他不會吹滅黯淡的燭火，他會改善我們的話語，正如改善我們的儀容一樣。

話語的眞正力量，可以從一個人的行爲表現上看出來。觀察行爲之後，很明顯的，我們可以見到心術不正的人，經常用話語的力量，使別人做出許多不正當的行動。

相對的，如果我們看到有個人抱著犧牲奉獻的精神，勇敢走上崎嶇坎坷的人生路程，那麼我們可以這樣想，他一定曾經聆聽過令他下定決心的話語。

因爲，如果沒有聽說過一些安慰與鼓勵的話語，就不可能使人們爲了某些崇高的理想，而堅定信心去走艱難的道路。

心境決定你的處境

不該做莫名其妙的事，不該參加見不得人的秘密勾當，不該把腳踩在眼睛看不見的地方。

——狄更斯《荒涼山莊》

珍惜今日才是正確態度

只有今天好好地生活，才能使每一個昨天都是幸福的夢，
每一個明天都是有希望的遠景。

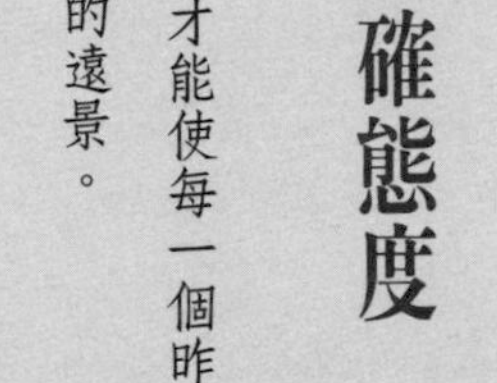

看待生命的角度不同，每個人對生命的解釋也不同，自然而然也會得出截然不同的結果。

我們經常可以看到，不論遭遇多麼不幸的事，智者總會從中獲得一些利益；不論遇到多麼幸運的事，愚者還是感到無限悲傷。但，無論如何，這就是我們的人生樣貌。

古印度詩人卡列達沙曾經這麼寫道：「正視今日！因為這就是人生，最真實

的人生。」

在這一天的短促旅程中，你會碰到人生一切最眞實的東西：行爲的尊榮，成長的祝福，成就的壯麗。因爲，昨天只是夢，明天也僅僅是遠景，所以只有今天好好地生活，才能使每一個昨天都是幸福的夢，每一個明天都是有希望的遠景。

所以，珍重今日！這是我們迎接晨曦應有的態度。

心境決定你的處境

一個人要是跌進水裡，他游泳得好不好是無關緊要的；反正，他得掙扎出去，不然就得淹死。

——毛姆《月亮與六便士》

不要急著妄下論斷

我們會在說別人閒言閒語的時候，輕蔑地否定他人，或只憑著蜚短流長，就侃侃然地下判斷，根本不理會是否有證據。

曾經有一位美國總統，把美國政治家托瑪斯．潘恩稱作「一個醜惡渺小的無神論者」。

其實，潘恩並不醜惡，即使晚年時飲酒稍稍過量，也不算大病。他也並不是一個無神論者，而是愛國志士，也是夠得上稱爲偉大的大人物。但是，這位美國總統卻用自己的偏見卻玷污了他的名譽。

仔細想想，我們何嘗不是每天所說著污辱別人的話語？隨便把污辱的話加之

於一個人、一群人，或是一個團體，對我們來說，無疑是件輕而易舉的事。

我們會在說別人閒言閒語的時候，輕蔑地否定他人，或只憑著蜚短流長，就侃侃然地下判斷，根本不理會是否有證據。

我們從來不考慮有多少人因此而蒙受不白之冤，有多少人的心靈因而受到嚴重創傷！如果我們在開口以前，停下來問問自己：「這是不是眞的？這樣說是不是妥當？」那麼，結果就一定會不同的！

對於自己不了解的事，千萬不要忘下論斷。要先探索事實的眞相及成因，這樣一來我們便不至於任意論斷了。

對於一種見解，要探索它的深義；對於一個人，我們對他要有深刻的了解才好。

這世界由於恐懼、憎恨、疑忌，以及偏見而黯淡不堪，使我們不容易看得遠，看得清楚。

英國文藝批評家安諾．貝納特說：「生命應該充滿甘美和光明，如果我們要保持自己靈的健全，我們必須要像預防傳染病一樣杜絕流言蜚語。」

爲了我們的靈魂，我們一定得公正，即使對於那些我們不屑一顧的人，也要保持公正的態度。

自由、公正、善意是每個人都該具備的精神。記住，偏見是有毒的，頑固是陰暗的，憎恨是死亡的另一種形態。

心境決定你的處境

不要瞧不起任何人，因為，誰也不是懦弱到連自己受了侮辱也不能報復的。

——伊索《伊索寓言》

幸福從「許願」開始

期望自己有一顆明察事理、體諒他人的心。期望自己不怕顛沛，雖然前面的路並不光明。

想要過著成功幸福的日子，必須從自我期許開始做起，每天一起床，我們應該在內心祈求自己達成下列十種願望：

一、期望有幾個了解我，又能永遠相契的朋友。

二、期望自己做些真正有價值的工作，如果這種工作沒有人做，世界就顯得孤寂貧乏。

三、期望自己有一顆明察事理、體諒他人的心。

四、期望自己有一點悠閒的時間。

五、期望自己不怕顛沛，雖然前面的路並不光明。

六、期望常見恆久不變的青山，永無止息的大海，以及人類雙手所創造的美。

七、期望自己常常開懷大笑。

八、期望自己不佔他人的便宜。

九、期望自己常感覺在祥和、快樂身邊。

十、期望自己在尚未達到上述願望之前，能忍耐與等待。而在接近這些願望時，決不輕易放過。

心境決定你的處境

說也奇怪，人們對突如其來的巨大的折磨，往往比對每天瑣碎的煩惱更容易忍受。

——拉福特雷《一無所獲》

不滿足是進步的要素

不眠不休是由於不滿足，而不滿足正是進步的第一要件。你如指出一個全然滿足的人，我可以證明，他一定是一個失敗者。

許多人生導師都不厭其煩地告訴我們：壯志與熱情是夢想的羽翼，自信與堅韌是成功的階梯。

從許多偉大人物的成功經驗，我們印證了這句話的真實性。相信這句話吧！只有對生活抱持著積極樂觀態度的人，才能穿越荊棘遍佈的人生之路，走向自己的康莊大道。

在追求成功幸福的過程，我們也有必要記住美國著名的發明天才愛迪生所說

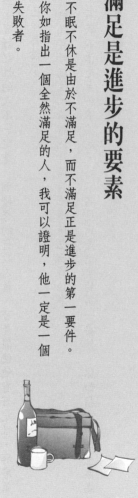

的話，這些話可以發揮關鍵性的激勵作用。

一、世界上機會不少，可是有才能的人卻不多。

二、教育工作不是遊戲，所以不能當作遊戲看待。教育是一件非常非常艱苦的工作，但也可以成為很有趣的工作。

三、人只有肚子是可以塞得飽的。人的頭腦卻永遠渴求新的知識、新的經驗，以及更安適更歡愉的環境，永不厭足。

四、假使我們對現在所有的已經滿足了，那麼將來便不會有更好的境遇了。

五、所有一切歸於一面等待、一面繼續活動的人。

六、行政人員最主要的是要有好的記性。

當然，有好記性的人不一定是一個優秀的行政人員，可是假使他有好記性，那麼第一個條件就已經具備了。

假使他沒有好記性，雖然他具備其他條件也無濟於事。

七、不眠不休是由於不滿足，而不滿足正是進步的第一要件。你如指出一個全然滿足的人，我可以證明，他一定是一個失敗者。

八、天才是由一%的靈感，和九十九%的血汗造就的。

九、最好的思想往往從孤獨中產生，最壞的思想則是從亂糟糟的場合中產生。

心境決定你的處境

即使是陷溺在最不幸的處境當中，我們也可以找到一些聊以自慰的事情。

——狄福《魯濱遜漂流記》

生活良品

76

心境決定你的處境全集

作　　者　黛　恩
社　　長　陳維都
藝術總監　黃聖文
編輯總監　王郡凌
出 版 者　普天出版家族有限公司
新北市汐止區忠二街 6 巷 15 號
TEL / (02) 26435033 (代表號)
FAX / (02) 26486465
E-mail：asia.books@msa.hinet.net
http://www.popu.com.tw/
郵政劃撥 19091443 陳維都帳戶
總 經 銷　旭昇圖書有限公司
新北市中和區中山路二段 352 號 2F
TEL / (02) 22451480 (代表號)
FAX / (02) 22451479
E-mail：s1686688@ms31.hinet.net
法律顧問　西華律師事務所・黃憲男律師
電腦排版　巨新電腦排版有限公司
印製裝訂　久裕印刷事業有限公司
出 版 日　2024 年 2 月第 2 版第 1 刷
I S B N◎978-986-389-904-4　　條碼 9789863899044

國家圖書館出版品預行編目資料

心境決定你的處境全集／
黛恩著.—第 2 版.—：新北市,普天出版
2024.2 面； 公分. -（生活良品；76）
I S B N◎978-986-389-904-4（平裝）

普 天 之 下 · 盡 是 好 書
普天 出版家族
Popular Press Family
淩雲 文創
A-Plus Creative Company